G

《Z世代金融理财一本通》

编委会
(按姓氏拼音排序)

简七 / 匡志宏 / 蓝发钦 / 罗淑锦
汪标 / 薛志明 / 杨欣 / 朱静

执行编委
匡志宏 / 罗淑锦

编写人员
(按姓氏拼音排序)

陈紫琪 / 陈兵 / 仇智侃 / 徐悦雯 / 杨文强

世代

金融理财 一本通

本书编委会 编著

上海三联书店

推荐序

这是一本写给 Z 世代（1995—2009 年间出生）青年人的理财书。2020 年，我国 Z 世代人口约 2.6 亿。成长在中国经济快速增长期，同时也是互联网原住民的 Z 世代，有机会比父母辈更早地开始接触理财，理财习惯也具有互联网时代的特点——我们不仅能在蚂蚁财富这类平台社区中，看到年轻人对明星产品和基金经理的热情追逐，也能在抖音、微博、B 站、小红书等平台上，看到他们热火朝天地分享和交流理财心得的场景。

随着越来越多 Z 世代的陆续加入，年轻人将会成为投资理财的主力群体，在资本市场上获得越来越大的话语权。因此，如何正确引导他们建立积极健康的财富观，培养理性投资的能力和定力，既会切实影响年轻人的未来生活，也是关系到我国财富管理行业和资本市场未来发展的一件大事。

年轻人目前获取理财知识的主要来源是网络，但经常发现自己被一些似是而非、混淆视听的错误信息误导，而一些专家写的文章又因为充斥着各种术语不容易看懂，所以正需要像《Z 世代金融理财一本通》这样一本可读性强，内容又专业靠谱的投资理财普及读物。

全书包括四部分内容：

第一部分从生活中最常见的价格、货币入手，通过对历史、现实与未来的回顾、分析和畅想，帮助读者初步建立金融思维；

第二部分涵盖了青年人生活中会碰到的各种与理财相关的问题，而且具有时代特点，比如"囤货是省钱的行为吗?""网上支付安全吗?""有人找你借钱怎么办?""在 App 刷视频、签到赚钱靠谱吗?""出国该怎么换汇?"等，通过对问题的全面分析，读者可以自己得出答案；

第三部分除了介绍常见的投资理财渠道、投资理财的收益及费用外，针对 Z 世代中较普遍存在的希望投资高收益低风险的倾向，反复强调风险与收益的关系，并提醒读者评估自己的风险承受能力，选择适合自己的理财产品；

第四部分则侧重于年轻人的人生规划，诸如打工还是创业、买房还是租房、该买哪些保险等等问题，相信都是年轻人未来生活中会碰到的，值得了解并思考。

全书行文深入浅出，栏目设计也精巧有趣。书中还附有大量活泼清新的手绘插图，将抽象、冗长、难懂的专业概念变得既简明扼要又直观易懂。

据我所知，这本书从策划到出版足足经历了两年时间。受华东师范大学附属东昌中学之托，出版方上海三联书店邀请了来自华东师范大学、上海证券交易所、《理财周刊》、简七读财、界面财联社的财经专家共同组成编委会。东昌中学长期致力于学生金融素养培育的研究和实践，是上海市特色普通高中。本书的写作提纲就是基于该校学生金融理财方面的困惑和问题形成的，之后由该校老师写成初稿，编委会几经修改定稿，这才使得这本书既贴合年轻人的需求，又严谨专业。

当前，浦东新区正在打造"社会主义现代化建设引领区"，陆家嘴是中国乃至世界的金融中心之一，东昌中学作为陆家嘴核心区域的一所高级中学，可谓得天独厚。《Z 世代金融理财一本通》的推出恰逢其时。不论你是中学生、大学生，还是职场"社畜"，我都很乐意把它推荐给你，Z 世代的年轻人！

孙晓霞

财政部金融司原司长

2　Z 世代的生活与理财

4 规划你的未来

本书初稿编写分工

（按编写人员姓氏拼音排序）

陈紫琪 编写：1.8 / 2.7 / 2.11 / 3.2 / 3.5 / 3.7—3.10

陈兵 编写：4.1—4.5

仇智侃 编写：1.1—1.7 / 2.4 / 3.3 / 3.4 / 3.6

徐悦雯 编写：2.1—2.3 / 2.5 / 2.6 / 2.9 / 2.10

杨文强 编写：2.8 / 3.1

1 学点金融思维

Z

1.1　为什么商品都有价格？

去超市或者商店买东西，要了解这件货品的详情，我们都会仔细端详货品的标签。你知道标签上面最必不可少的信息是什么吗？

对，是价格。

哪怕是超市散装的货品，也会插块牌子标明价格。在街上摆地摊卖的衣服，标牌上可能只有价格，其他什么信息都没有。

为什么商店的所有货品都有价格呢？很简单，有了价格才能交易，才能成为商品。

何谓商品？

放眼我们身边，从几乎不离身的手机，到身上穿的，冰箱里吃的，无一不是花钱买的（虽然可能有些不是你掏的腰包），这或许就是我们对于商品有价如此习以为常的一个重要原因吧。自工业革命以来，生产力得到巨大的提升，社会的分工越来越精细化，除了极少数的人在使用自己生产的产品，大部分人都是通过"买买买"来解决生活问题的。

我们的祖先曾经有过一段自给自足的时光，他们打猎、采摘、种植，生产自己所需的一切物品。很快，他们就发现，可以拿自己多余的东西去跟别人交换，比如自己发现了一棵果树，摘了许许多多的果子，根本吃不完，但自己家里没有肉，他们可以拿果子去换一点肉吃。这时候，商品就出现了。所以，商品的出现不需要特意安排与发明，随着人类生产力的提高以及聚居密度的提升，人与人之间的商品交换自然就会出现。

到了现代社会，商品的形态变得越来越复杂。比如你用软件打车，很快就从家里到了目的地，这个过程中，你其实并没有获得任何实物，但不可否认你消费了他人提供的商品。只是这里的商品是一种服务。

所以，商品的本质在于交换，而要交换就必须有价格。

用什么定价？

你可能会问了，我拿家里多余的果子去换隔壁家多余的野猪肉，这里面哪有价格？其实，你们家两篮果子，去换了隔壁一大块肉，这块肉就是两篮果子的价格。虽然比较随意，不太精确，但这就是价格。

不过，大家很快就会觉得这样交换真的很不方便。我家果子有多余，但缺一点谷物，隔壁邻居虽然需要果子，但他家没有谷物，只有肉。另外一个部落盛产谷物，但他们不需要我们的果子和肉，他们想要兽皮衣服。

咋办呢？

如果这时候有人发现：所有人都不拒绝鸡蛋，我就会拿家里的鸡蛋去隔壁部落买谷物，隔壁部落可以拿着鸡蛋去找其他人买兽皮衣服，还有人拿着鸡蛋来我们家买果子。鸡蛋成了那个地区商品交换的中介与价值的比较基准，也就是经济学所谓的"**一般等价物**"。

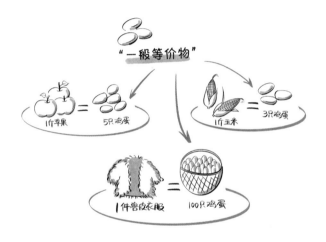

有了一般等价物，物物交换就便利起来，生产力也得到大幅提升。根据史书记载，古希腊的牛、羊、谷物，我国古代的羊、布、贝壳、铜器、玉璧等都曾充当过物物交换的一般等价物。但是这些充当一般等价物的商品有的容易变质不易保存，有的体积大不易分割，有的太易获得价值太低，于是，渐渐地，全世界的人们都开始选用贵金属——金和银来充当一般等价物，因为它们既有稀缺性也有一定的储量，不易变质、易于分割和熔合、体积小而价值大、便于携带。在很长的一段历史时期，世界各国普遍采用它们作为通用的一般等价物——**货币**，商品都用货币来定价。

价格的高低由什么决定？

首先是商品的成本。比如，超市里售卖的矿泉水的价格一般不会超过花生油，因为花生油的制作成本高于矿泉水。没有人会做亏本的生意，所以，一般来说，成本高的东西，定价也会更高。

但如果这个超市开在沙漠，需要买水的人比买油的人多得多。矿泉水的标价即使比花生油高，对于干渴的人来说，也是可以接受的。所以，价格也受供求关系的影响。

定价还受品牌的影响，同样的衣服，不同的品牌，价格可以相差几十、几百倍。但创建和维护一个品牌，也是需要巨大成本的。所以，奢侈品的价格除了包含商品的直接成本，更多的是品牌的溢价。

企业对于商品定价可以采取不同的策略：生产成本差不多的商品，可以因为市场定位不同，定价相差极大，比如不同品牌的各种化妆品；有的企业在推出新产品时会先定高价，吸引一批乐于尝鲜的顾客，等其他厂家跟进时，再启动低价策略；也有的企业会以低定价（甚至低于成本价）占领市场，逼迫竞争对手退出市场。

在充分竞争的市场中，商品价格过高或是过低往往都是短期的，市场或快或慢都会自发地进行调节，以使得供给与需求相适应，进而表现为价格的合理回归。

当然，价格回归理性有时候是有代价的。比如所谓的"猪肉周期"：猪肉供不应求价格上涨，养猪场逐渐增加，一旦供过于求，价格下跌，养猪场开始减少，到再次供不应求价格上涨。

每一次猪肉价格的暴涨暴跌，都会打击一批没有踏准节拍的养猪场。

有人设想，是否可以通过规定一个合理价格来解决这个问题。这个问题不止一个人想过，20世纪二三十年代西方经济学界就此还展开过激烈的争论，苏联等一些国家也试过由某个国家机关制定价格，最终的结果如何呢？请自己去了解一下那段历史吧。

影响价格的还有一个重要因素：货币价值。商品价格上升，也可能是由于货币这一价值尺度的贬值造成的。这种由于货币贬值导致的商品价格上升的现象就是"通货膨胀"。从长期来看，通货膨胀是长期存在的，只是强度不同而已。

万物皆商品吗？

了解了商品和价格，有人可能会问，是不是所有东西都有价格，都是可以交易的商品？肯定不是。首先，人类赖以生存的阳光、空气都是没有标价的，它们对所有人都免费。而有些东西如果用来交易就是违法犯罪，比如，倒卖文物、买卖国家保护动物、买卖人体器官、贩毒乃至贩卖人口。

当然，随着商品的覆盖面快速扩大，越来越多的事物都能被拿来交易，有些人甚至宣称"没有用钱买不到的东西"。但是，请你想一想，金钱能买到美食，但买得到食欲吗？金钱能让人服从，但能得到尊敬吗？而以金钱为基础的婚姻，真的有爱情吗？你周围最受欢迎的是最有钱的那个人，还是最有趣的那个人？……

如今，我们是活在一个商业世界里，被各种各样的商品包围，但请记得，别把所有东西都变成商品，不仅要严守道德的底线和法律的红线，更要时时记得那些无价之物对于人之为人的重要意义。

小结

1. 商品的本质在于交换，要交换就必须有价格。

2. 一般等价物是一种特殊的商品，价值尺度与交换中介是它的两大职能。货币是特殊的一般等价物。

3. 商品价格是由内在价值、供需关系、定价策略等综合决定的。此外，货币价值的变动也会造成价格的变动。

4. 尽管商品的外延不断扩大，但依然有很多是无法简单通过交换获得的东西，而它们恰恰是对于一个人最为宝贵的东西。

思考与实践

很多艺术品可能从实用性的角度而言，并没有太高的"价值"，但却有着不菲的"价格"。你认为艺术品是商品吗？它的定价会受到哪些因素影响？

1.2　货币的价格与价值

在日常生活中，我们时常会有"钱越来越不值钱"的切身感受，比如以前一顿丰盛的早饭两三元钱就能搞定了，现在两三元钱可能吃两个包子都勉强。钱为什么会贬值呢？

上一节我们讲到供需关系影响商品价格，它同样也会影响货币价格。当流通中的货币量太多了，货币就会贬值——同样的货币只能买到更少的商品。也就是说，货币是衡量商品价格的尺度，但它本身的价格也是会变化的。

货币的内在价值

首先，我们来问一个问题：货币本身有价值吗？

这个问题要分开来看，如果是贵金属货币，其本身是有价值的。比如，金银既可以用来做货币，也可以制成首饰，它本身就是值钱的。如果是纸币，其价值主要是国家信用的体现，也就是说，国家权威保证了纸币的购买力，纸币本身的价值是微乎其微的，它更多的只是一种价值符号。

货币是衡量商品价值的尺度，那货币的价值又如何衡量呢？我们可以反过来用对于特定商品的购买力来衡量货币的内在价值。

所谓**货币购买力**，是单位货币购买商品或换取劳务的能力，也可以理解为一定数量的货币能够购买的商品或劳务的数量。其大小取决于货币价值与商品价值的对比关系。

也就是说，货币的价值是会变化的。当市场上流通的货币量少于商品流通中所需要的货币量而引起货币升值、物价普遍持续下跌的状况，叫做**通货紧缩**。通俗地说，通货紧缩的时候，钱更值钱了。而相反的状况，叫做**通货膨胀**，也就是钱不值钱了。

你觉得通货紧缩还是通货膨胀更好呢？

一般认为，通货紧缩对一国的经济有很大的伤害。通货紧缩的时候，物价在下跌，钱更值钱了，大家就会舍不得花钱，产品会滞销，生产会进一步收缩。所以，一旦出现通货紧缩的苗头，政府就会想办法往市场投放货币，迫使货币贬值，大家把钱花出来，刺激消费和生产。

当然，恶性的通货膨胀也是很危险的。我国在20世纪八九十年代的时候曾经出现过物价飞涨，大家疯狂抢购商品，经济秩序出现严重紊乱。国家花了很大的力气才稳定住局面。

温和的通胀是各国政府都欢迎的，也是宏观政策的目标之一。所谓温和的通胀，大概是每年物价上涨2%～3%，最多不超过5%的局面。这时候，每年的物价和工资水平都有小幅上涨，不论是生产者还是消费者，都会觉得比较舒服，市场往往处于购销两旺的状态。

大家可能会有另外一个问题，纸币会升值贬值，有通胀通缩，那金银等贵金属货币的价值是不是一直很稳定呢？

相对纸币来说，金银的价值要稳定得多，但它们的价值也会波动。举个简单的例子，在白银开采量特别大的历史时期，白银的购买力就会下降，因为流通中的货币太多了，币值就会下降。相反，如果哪个历史时期没有开采到足够的白银，那白银的币值就会增加，同样的银子能够买到的东西就更多了。

货币的价格——利率与汇率

谈到货币的价格，我们经常会提到利率。

知识卡

利率（Interest Rate）

利率是借款人需为其所借金钱支付的代价，亦是放款人延迟其消费、借款出去所获得的回报。利率通常以一定时期内利息与本金的百分比计算。

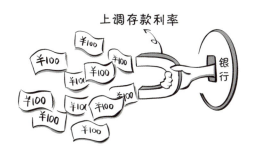

当人们把手中的余钱存在银行时，银行会按存款利率支付存款人利息。当银行需要大量吸储时，会将利率上浮，吸引存款人。当企业从银行贷款时，银行会按贷款利率收取贷款利息，贷款利率一般高于存款利率，其中差额就是银行的收益。当贷款发放不足时，银行会将利率下浮，鼓励企业借款。

利率按照不同的标准可划分出多种类别。比如，根据计算利息的时间期限单位的不同，利率可分为年利率、月利率和日利率；按照利率在信用期限内是否调整，可分为固定利率和浮动利率；按照利率是否按照市场规律自由变动，可分为市场利率和官定利率；按照利率是否调整了通货膨胀因素，可分为名义利率和实际利率；按照计算方法不同，分为单利和复利。

在利率体系中，具有基础性地位的是基准利率。在我国，以中国人民银行规定的存贷款利率为基准利率。它是市场作为参考的利率，与其他金融市场的利率或金融资产的价格具有较强的关联性，反映市场的现阶段与预期的资金供求变化，同时，也可以传递央行所发出的调整信号——当经济过热、通货膨胀上升时，央行便提高利率、收紧信贷；当经济萧条、通货紧缩时，央行便会降低利率，鼓励企业贷款扩大生产，同时鼓励居民增加消费、减少储蓄。

利率是经济学中一个重要的金融变量，几乎所有的金融现象、金融资产均与利率有着或多或少的联系。

在开放的全球市场中，当我们需要把本国货币换成其他国家或地区的货币时，就需要给本国货币标出价格，这就是汇率。

知识卡

汇率（Exchange Rate）

汇率即一国货币兑换另一国货币的比率，是以一种货币表示另一种货币的价格。

　　在国际外汇市场上，各国货币在不停地交易，汇率时时刻刻处在变化之中。一国国际收支情况、通货膨胀率、经济增长率、财政赤字、外汇储备，甚至外汇市场的心理预期，都会影响汇率的变动，非常复杂。

　　举例来说，如果美联储（美国的中央银行）实行所谓"量化宽松"的政策，也就是向市场投放大量美元，那美元就会通货膨胀，其币值就会下降，在人民币币值稳定的情况下，美元兑人民币汇率就会下降，也就是说，人民币相对美元的价格上升了。这对我们是好事还是坏事呢？如果我们要买从美国进口的商品，自然是好事，因为同样的人民币可以买到更多的商品了。但对于一些出口企业来说，因为用美元标价的出口商品价格上涨，竞争力下降，这就未必是好事了。

货币的时间价值

　　当我们谈到货币时，还有一个重要的特性不能忽略，那就是货币的时间价值。

知识卡

货币的时间价值（Time Value of Money）

货币的时间价值是指当前所持有的一定量货币比未来获得的等量货币具有更高的价值，即货币随着时间的推移会发生增值。

货币的时间价值

更简单地说，货币的时间价值，是指同样数额的货币在不同的时间点上具有不同的价值。它是货币经过一定时间的投资和再投资所增加的价值，也就是钱能生钱，而且所生之钱会生出更多钱。利率就是衡量货币时间价值的重要标准。

前面说到，利率有两种计算方法：单利和复利。所谓**单利**，就是你每期都用同样的本金投资；所谓**复利**，是把上期末的本利和作为下一期的本金，也就是通常所说的"利滚利"。单利的线性增长与复利的指数增长，在短期内的差异并不明显，但只要时间尺度足够长，差距将是难以想象的。

我们来看个故事：17世纪的时候有一个叫彼得的荷兰人，用60荷兰盾（24美元）的布料和饰品，从印第安人手里买下了曼哈顿岛。300多年后，按照2000年的估算，曼哈顿岛价值

2.5 万亿美元。从 24 美元到 2.5 万亿美元，你肯定感觉彼得这笔买卖简直是无敌暴利。但是如果彼得当年用这 24 美元投资股票，按照美国股市近 100 年的平均投资收益率 9% 来计算的话，从 1626 年到 2000 年的 300 多年时间，这 24 美元会神奇地变成 2386 万亿美元，差不多是 2000 年曼哈顿岛价值的 1000 倍！

这就是复利的威力，也正是货币时间价值的体现。有人甚至说，复利是世界第八大奇迹。

长期坚持，做时间的朋友，哪怕是微小的进步，用"复利"思维也可以实现指数式成长。

1. 货币的内在价值是由其购买力决定的。

2. 货币价格可以用利率和汇率来标示。

3. 货币具有时间价值，复利创造的奇迹提醒我们，要做时间的朋友。

2020 年新冠疫情的加剧，使世界经济面临 2008 年金融危机后的又一次严峻考验。美联储将联邦基准利率降低到了 0 ～ 0.25% 区间，随时会有步日本与欧元区部分国家的后尘，加入"负利率俱乐部"的可能。请结合本节内容，并查阅相关资料，谈谈你对负利率的理解。

1.3 未来的钱长什么样?

你有没有发现,今天人们已经很少使用钱包?就算用钱包,里面恐怕也插着各种卡,而不是一沓沓人民币。毋庸置疑,流通中的钱已经完全变了样。那未来的钱会长什么样呢?

早期的金属货币

我们在本书 1.1 中讲过,人类从自给自足发展到物物交换,在物物交换的过程中,出现了充当货币功能的一般等价物。一般等价物是为了使交易更加便利而产生的,当一般等价物固定到金银等贵金属的时候,货币就出现了。所以,长期以来的主流观点认为,货币的本质就是充当一般等价物的特殊商品,即商品货币理论。

后来,很多人类学的考古证据表明,历史上从来没有过纯粹的物物交换的时代,比如,张三从李四那买了一只鸡,他可能会写一张欠条(前提是他有借有还)或者提供大家公认的某种凭证(比如贝壳、盐、金属等)给李四,接下来李四要到王五那买一双鞋,就把这个欠条或者凭证给了王五。如此类推下去,物物交换的过程其实就是这个欠条或者凭证流通的过程。当这个凭证流通的时间足够长,人们就渐渐地忘记了它最开始的主人是谁,此时这个凭证就成了"可流通、可转让"的货币。于是就有学者提出,货币起源于债务,债务关系的背后是人的信用。这就是所谓的信用货币理论。

无论货币起源如何,我们看到,在人类文明进入青铜时代以后,黄金、白银等贵金属为代表的金属货币就替代了其他实物货

币，成为人类古代直至近代最为主要的流通货币形式。世界各地的早期文明遗址都发现过这类货币。在我国，春秋战国时代开始，金、银、铜、铁等金属材质的各类"铸币"成为货币的主要形态。其中三晋的"布币"仿古农具"钱"制作，流通范围广、时间长，久而久之，当时的人们也就习惯上把货币称为"钱"，并一直延续至今。

人们发现，随着经济的发展，贵金属供应量有时跟不上经济发展的速度，会出现"钱荒"；另一方面，贵金属在流通过程中需要称重和鉴别成色，不太方便，且携带运输的成本较高。慢慢地，纸币出现了。

纸币为什么会被大众接受？

我国北宋时期发行的"交子"被认为是世界上最早的纸币。"交子"本来是四川境内十多家富户间的私人票据交易，后来因为使用便捷而得以推广，最终得到朝廷的关注和介入，并于1024 年正式发行"官交子"，每三年发行一次，每次发行 150 万贯，相应的准备金为铁钱 36 万贯。这种以国家政权为保障，以贵金属作为发行基础的纸币，还不是一种信用货币。

从世界范围来看，在工业革命之后，由于经济飞速发展，西方各国普遍都以国家信用为担保，发行了锚定金银货币的纸币。英国于 1816 年率先实行金本位制，到 1914 年第一次世界大战以前，主要资本主义国家都实行了金本位制。同样，这时的纸币也不是信用货币。

金本位制（Gold Standard System）

本位货币是一国货币制度规定的标准货币，即用它作为流通和支付手段时，任何人不能拒绝接受。金本位制就是以黄金为本位币的货币制度。

在金本位制下，每单位的货币价值等同于若干重量的黄金（即货币含金量），当不同的国家都使用金本位时，其汇率由它们各自货币的含金量之比来决定。

金本位制

由于黄金供给难以与商品生产增长相适应，加上少数几个大国垄断了世界绝大部分的黄金储备，以及两次世界大战爆发导致黄金的自由汇兑受到限制，19 世纪中期开始盛行的金本位制到 20 世纪中后期逐步崩溃。二战后的布雷顿森林体系是历史上最后的金本位制体系。

布雷顿森林体系是以美元和黄金为基础的金汇兑本位制，将美元与黄金挂钩（1 盎司黄金 =35 美元），其他参与该体系的国家的货币与美元保持固定汇率，美元成为与黄金具有同等地位的国际储备资产。这使美元具有了独一无二的信誉和地位。但美国也无法解决金本位制的内在问题，1971 年，美国政府宣布美元停止兑换黄金，布雷顿森林体系瓦解。

此后，各国发行的纸币不再以任何贵金属为基础，而是以国家主权为后盾，以政府信用为基础，以法律保证其强制流通，这种货币形式就是现在通用的信用货币。

值得一提的是，我们目前普遍使用的手机支付改变的只是货币的支付方式，并没有改变货币形态。

目前各国央行都在研发的数字货币，其实就是数字化的现金，所以实质上也是信用货币。

信用货币（Credit Money）

信用货币，也称法币，是由国家法律规定的强制流通货币，不以任何贵金属为基础，独立发挥货币职能。它不再作为金属货币的代表物，不能与金属货币相兑换，是信用关系的产物，是纯粹的货币价值符号，因而它是一种债务型货币。目前世界各国发行的货币，基本都属于信用货币。

中国人民银行发行的数字货币，即数字化的人民币现金，很可能成为全球主要经济体推出的第一个央行数字货币。它的简称叫 DCEP（Digital Currency Electronic Payment），是数字货币、电子支付四个英文单词的首字母。从这个名称可以看出它的两大特征：一个是数字货币，一个是电子支付。我国的央行数字货币已经在一些地区和行业进行试点，如果广泛铺开，纸币和硬币等现金就可能真的被取代了。

未来的钱到底长什么样？

2008 年 11 月 1 日，一个自称中本聪（Satoshi Nakamoto）的人在 P2P Foundation 网站上发布了比特币（Bitcoin）白皮书。2009 年 1 月 3 日，比特币正式诞生。

根据中本聪的思路设计发布的开源软件以及建构其上的 P2P（Peer to Peer，点对点）网络，比特币是一种 P2P 形式的虚拟的加密数字货币。点对点的传输意味着一个去中心化的支付系统。

　　比特币不依靠特定货币机构发行，它依据特定算法，通过大量的计算产生，使用整个 P2P 网络中众多节点构成的分布式数据库来确认并记录所有的交易行为，并使用密码学的设计来确保货币流通各个环节的安全性。谁都有可能参与制造比特币，任何人都可以挖掘、购买、出售或收取比特币。P2P 的去中心化特性与算法本身可以确保无法通过大量制造比特币来人为操控币值。基于密码学的设计可以使比特币只能被真实的拥有者转移或支付。这确保了货币所有权与流通交易的匿名性，也使各国央行和任何金融机构都无法控制比特币。

　　比特币诞生后一度价格低迷，但在 2018 年前后开始了波澜壮阔的暴涨暴跌行情，价格从几乎为零，到 2021 年 7 月 6 万多美元。

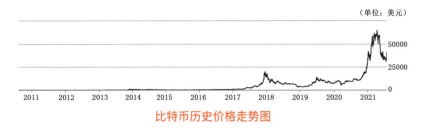

比特币历史价格走势图

注：默认为 2021 年以来的价格。开始时间：2010-05-22，结束时间：2021-07-27。
资料来源：www.btc126.com。

21

在比特币之后，2013 年 12 月 8 日又诞生了基于 Scrypt 算法的 Dogecoin，有人称作"狗狗币 / 狗币"。由于没有预挖，狗币分发看上去更公平，慈善、打赏文化也深得人心，上线不到两周，流量就呈现出爆发式增长。仅用了一年时间，用户基数就达到比特币用户数的三分之一。

此外，还有各种各样的数字货币（如以太币、瑞波币、莱特币等）不断涌现。这些数字货币都由民间发起，全球通用，不属于某个国家，可以在全球迅速转账，如几秒内就可以把钱由中国汇到美国，且费用低廉。总量亦不会像法币一样随意增发，相对稳定。

民间数字货币的产生和发展一直伴随着巨大的争议。基于商品货币理论，比特币等不是商品，没有实物支撑，没有内在价值，不可能是货币；基于信用货币理论，比特币等没有国家信用背书，不具有法偿性，也不可能成为货币。因此，它们尚未得到各国货币当局的认可，也没有被大众普遍接受，只有相对少数的人群在商业活动中使用，或在市场上炒作。但毋庸置疑的是，民间数字货币的出现对现存的世界货币体系和货币理论提出了挑战。

历史上，货币的演进是长期而缓慢的过程，理论也是在不断发展的。未来的货币到底长什么样，不妨一起大胆地设想吧！

小结

1. 金银等贵金属因其独有的特性成为通行最久的货币形态。随着经济的不断发展，纸币逐渐取代金银的地位，人类进入信用货币时代。

2. 信用货币本质上是一种债务型货币，本身不具有或只具有非常小的价值，其购买力是通过国家信用背书来保障的。

3. 以比特币为代表的民间数字货币，能否被称为货币、能否代表未来货币的发展方向，还存在争议。

思考与实践

比特币极大地冲击了人们对货币的认知。有人称它是天才的发明，也有人嗤之以鼻，有人通过投资比特币暴富，也有人一夜之间破产。请查阅相关资料，谈谈你对比特币的看法。

1.4　能不能多印点钱？

我们已经知道，当前各国发行的纸币都是不以任何贵金属为基础的信用货币，也就是说，国家可以自行决定印多少钱。有人觉得，既然国家可以印钞，为什么不多印一点呢？多印的钱可以发给缺钱的人，这样不好吗？为什么要控制货币发行量呢？

钱是谁印的？

所谓印钱，就是发行货币，一般由中央银行来执行，比如在人民币上，都印有（或刻有）"中国人民银行"的字样。中国人民银行就是我国的中央银行，是我国唯一具有印钞权的机构。

但也有例外，比如我国香港实行的就是商业银行发钞制度。1845 年，英资金宝银行开张，首次发行纸币 54000 元，开创了由英资商业银行发行港币的先例。1897、1898 年，渣打银行与汇丰银行先后发行港元纸币。有利银行也曾参与港币发行，但在被汇丰银行收购后，失去了纸币发行权。自此，英资的汇丰银行和渣打银行一直是香港的发钞行。1994 年 5 月，中国银行香港分行首次发行港钞，打破了英资银行垄断港钞发行的局面。与央行发行货币不同的是，香港货币虽由商业银行代为发行，但必须有百分之百的外汇作为发钞的准备。

钱是怎么印出来的？

央行开动印钞机印出来的货币，叫做"基础货币"。基础货币是不会直接发到个人手中的。央行通常要通过买入外汇、黄金、国债或向商业银行发放贷款等渠道，把基础货币投放到市场中。比如当我国的出口企业手中的大量外汇需要兑换成人民币时，央行会印钱。当财政部要发行大量国债时，央行也会印钱。

基础货币（Base Currency）

基础货币，也称货币基数（Monetary Base），因其具有使货币供应总量成倍放大或收缩的能力，又被称为高能货币（High-powered Money），它是中央银行发行的债务凭证。

央行开动印钞机印出来的货币，叫做"基础货币"

当这些基础货币进入市场后，我们发现，流通中的货币数量会成倍增加。为什么会这样呢？因为存在货币乘数。

举个例子。如果央行把 1000 万元基础货币贷给某银行，相当于该银行获得了 1000 万元存款。银行为了盈利自然要把钱贷出去，但在贷出去之前，银行按规定必须留下法定**存款准备金**，而存款准备金与存款总额之比就是所谓的**存款准备金率**。假设存款准备金率为 10%，银行就可以把 900 万元用于放贷。如果 900 万元贷给了企业 A 后，企业 A 又把 900 万元存回银行，银行就可以在扣除存款准备金后，把 810 万元贷给企业 B。如此循环下去，总放贷金额可以达到 1 亿元。在利息最大化的同时，银行创造了 10 倍于基础货币的衍生货币。当然，这属于理论上的理想状态，在这种状态下，我们把存款准备金率的倒数定义为**货币乘数**，也称货币扩张系数。

然而，在现实世界里，企业 A 可能不会把获得的贷款全部存到银行，比如，它可以取出一部分现金，也就是说，流通中的货币不可能完全流回银行体系内，我们就可以用以下公式更为真实地刻画货币乘数：

$$m = \frac{C + D}{C + R}$$

其中 m 表示货币乘数，C 表示银行体系外流通的货币，如企业和个人手中持有的现金，R 表示银行准备金，D 表示存款总额。显然当 $C = 0$ 时，存款总额与银行准备金之比即为存款准备金率的倒数。

通过上述讨论可以看出，由于货币具有乘数效应，央行只需要用较小数量的基础货币就能衍生出数倍的货币供给。也就是说，如果要增加社会上的货币供应量，央行并不需要立即开动印钞机，它可以降低存款准备金率，让商业银行把更多的钱通过贷款投放出来；它也可以降低存贷款利率，让公众更有动力去银行申请贷款，而更少意愿去储蓄。

由于存款准备金率和利率都是央行定的，所以，我们常常听到的"央行释放流动性""央行放水""央行收紧银根""央行开动印钞机"等说法，指的就是央行通过执行其货币政策投放或者回笼货币。

能不能多印点钱呢？

从货币演变的历史我们不难发现，当经济快速发展时，是需要有更多钱的。这也是金本位最终退出历史舞台的重要原因。那么，到底发行多少货币是与经济发展相匹配的呢？通常，我们会用广义货币供应量（M2）的增速与国内生产总值（GDP）的增速来作比较。

知识卡

货币供应量（Money Supply，或 Supply of Money）

货币供应量，亦称货币存量、货币供应，指某一时点流通中的现金量和存款量之和。

根据货币流动性的强弱，货币的供应量一般划分为如下几个层次：（1）M0（流通中现金），是指银行体系以外的单位库存现金和居民手持现金之和。（2）M1（狭义货币供应量），是指M0加上单位在银行的活期存款。（3）M2（广义货币供应量），是指M1加上单位定期存款、个人的活期和定期存款以及证券公司的客户保证金等。

这其中，广义货币供应量M2一般被用来作为货币供应量的指标，也是央行控制货币供应的调控目标。

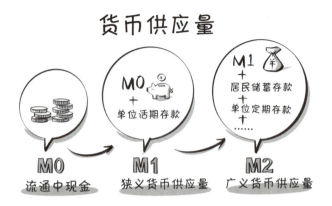

由于货币供应量与 GDP 在一段时间内应当满足供需平衡，因此我们不能简单地用两者的绝对量进行比较，而往往采用增量比较的方式，即比较在一个阶段内货币增速与 GDP 增速之间的差异，从而判断货币供给是否合适。

中国 M2 与 GDP 比率的变化

资料来源：WIND，平安证券研究所。

为了保证 GDP 有比较高的增速，央行会相应地采取较为宽松的货币政策，保证市场上有充足的货币供给。比如改革开放

40年来，中国GDP的年均增长率为9.5%，而M2年均增长速度为21%。在美国次贷危机爆发后，世界各国央行更普遍采用了激进货币宽松政策应对后金融危机时代。

通常，大量货币供应会推高物价，引发通货膨胀。诺贝尔经济学奖得主弗里德曼曾说："通胀在任何地方都永远是一个货币现象，只能由于货币比产出增长更快而产生。"而通货膨胀使货币的购买力下降，相当于变相稀释了人们手里的财富。古往今来，因为滥发货币而导致的社会动荡、国家威信受损甚至政权更迭的事情可谓屡见不鲜。

但货币超发并不必然导致通货膨胀。在2007—2020年的13年间，欧元区、美国和日本的核心CPI（消费者物价指数）大部分时间都低于2%，其中日本的核心CPI曾经为负。这些主要经济体的通胀都是温和的，平均没超出央行普遍设立的2%左右的目标通胀率。

发了那么多货币，为什么没有通胀？这是因为货币供应量不仅取决于央行发行了多少货币，还取决于增发的货币流转了多少

M2的增速

圈，即货币乘数。如果发行的货币增加了很多，但是企业不看好未来，不借钱或者融资投资，消费者不愿意借钱消费，那么货币和经济周转慢，价格并不会涨。而在全球化的背景下，由于外国低价产品的输入，产品价格会被拉低，也抵消了通胀压力。

所以，到底能不能多印点钱呢？这不是一个可以简单回答的问题，相信聪明的你会得出自己的结论。

1. 央行要增加货币供应量并不需要开动印钞机，货币是通过借贷等金融运作进入经济运行中的。

2. 货币的供给要与经济发展的需求相适应，我们一般用 M2 的增速与 GDP 的增速作比较，来决定相应的货币政策。

消费者物价指数（CPI）是反映通货膨胀水平的重要指标，也是央行制定货币政策的重要依据。国家统计局每月都发布 CPI 数据，该数据有时候与我们的感觉出入较大，这可能是因为我们对 CPI 的统计范围不够了解，比如我们平时非常关注的房价就未纳入 CPI 统计。

请查阅相关资料，了解我国某段时期公布的 CPI 和 M2 数据，并将其列成图表，观察二者之间的相互关系。

1.5　明天可以被规划吗？

我们经常要做各种预测，根据这些预测作出判断和规划。但"天有不测风云，人有旦夕祸福"，有人甚至说，是偶然事件在推动世界发展。那么，我们对未来的掌控力到底如何？可以通过什么手段来防范不确定性和风险呢？

不确定性是普遍存在的

人们对于不确定性的畏惧，很大程度上根植于人类的进化历程。趋利避害是生物的天性，为了生存，人类努力改造世界以降低不确定性，获得更多的掌控感和安全感。

相较于吃了上顿没下顿、整天都在为生存而奋斗的祖先，今天的我们对于未来的确定性无疑大大提高了。每天起床，你有洁净的自来水可以洗漱，能吃上干净有营养的食物，出门上学或工作也有便捷的交通工具；而每个人从出生到进入学校接受教育，再到进入社会参加工作，最后到退休直至死亡，你可以发现短到一天，长到一生，小到平时的衣食住行，大到教育医疗、政治经济，都有相当成熟的模板范式和解决方案来减轻我们对于不确定性的困扰。一切似乎都可以安排得井井有条。但果真如此吗？

不，数不尽的未知至今仍然遮蔽于不确定性的幕布之下，小概率的黑天鹅事件层出不穷。2020年席卷全球的新冠疫情，就是典型的黑天鹅事件。没有人想到，小小病毒的不断传播，竟能改变世界运行的轨迹。

知识卡

黑天鹅事件（Black Swan Event）

17世纪的欧洲人都认为天鹅是白色的。直到1697年，探险家在澳大利亚发现了黑天鹅。后来就用黑天鹅来形容不可预测但一旦发生就有重大影响的小概率事件。可参考风险管理学者纳西姆·尼古拉斯·塔勒布的专著《黑天鹅》。

除了黑天鹅，我们还用**灰犀牛**（Gray Rhino）来比喻那些大概率且影响巨大的潜在危机。灰犀牛不是随机突发事件，而是在一系列警示信号和迹象之后出现的，它并不神秘，却非常危险。举例来说，近些年来，监管层和学界普遍认为房地产泡沫是中国金融系统的灰犀牛，因为中国家庭的资产平均有百分之六七十都是房子，而且多有贷款，一旦房价暴跌，后果是整个社会难以承受的。

不确定性可能是创世至今最为确定的特性，是无法根本消除的，我们可以努力去降低百分比，却无法让其成为真正意义上的"0"。事实上，不确定性也带来了事物的多样性和复杂性，这是一个系统能够长久存续的重要基础，人类就是在与不确定性的斗争中不断发展的。因此，理性地认识不确定性对于身处这个变革时代的我们是至关重要的。只有正确认知，才能帮助我们拥抱不确定性，并在不确定中谋求自身的成长和发展。

应对不确定性的方式

在传统的中国社会，通过娶妻生子、养儿防老，建立宗族血缘体系，是人们应对不确定性的重要方式。儒家文化推崇孝道，孩子必须孝顺父母，这使父母相信自己在丧失劳动能力时可以依靠子女，达到跨期保障的目的。除了血缘，通过联姻获得的姻亲关系也可以互相帮助、分散风险。

应对不确定的N种方法

在陌生人之间，如果有共同的宗教信仰，在价值取向、行为规范、行为风格上就会有非常多的趋同，这群人之间也就建立起了一个互相信任的保障互助网络。

到了现代国家，开始出现社会福利体系。大部分现代国家都有强制社保的规定，为大多数人提供基本的医疗、教育、养老保障。现在，社保体系很大程度上承担了上述两种人际关系在规避风险方面的职能。

此外，还有一种古已有之的应对不确定性的重要方式，那就是金融。

用金融工具来规划明天

例如我们熟悉的借贷，就可以用借来的钱解燃眉之急。《管子》一书中就有"凡农者月不足而岁有余者也，而上征暴急无时，则民倍贷以给上之征矣"的记述，意思是说，凡是农业，其收入的特点是按月算往往不足，按年算才可能有余。然而，官府征税急如星火，没有定时，农民只好借"一还二"的高利贷来应付上面征课。在此，借贷交易（哪怕支付比较高的利息）就解决了暂时的生存风险。而今天，如果碰到急需用钱的情况，可以选择的金融工具就多得多了，比如信用卡、花呗、白条等，需支付的利息远低于高利贷。

保险的诞生也是为了应对不确定性。在 14 世纪的欧洲，随着海上贸易的兴起，船只失事频繁，船主、货物主等利益方为分担风险、防止破产，结成利益共同体，由所有利益方共同分担海难造成的损失。1384 年，在佛罗伦萨诞生了世界上第一份具有现代意义的保险单。这张保单承保一批货物从法国南部阿尔兹运抵意大利的比萨。该保单从形式到内容与现代保险几乎一致，不仅列明了保险标的、规定了保险期限，而且还一一列明了保险责任。

知识卡

保险（Insurance）

　　保险是指以集中起来的保险费建立保险基金，用于补偿被保险人因自然灾害或意外事故所造成的损失，或对个人因死亡、伤残、疾病或者达到合同约定的年龄期限时，承担给付保险金责任的商业行为。

未来的保证

　　现代社会已发展出很多不同的险种，但保险最大的价值就在"未来的保证"。因为人生就像一次旅行，沿途既有旖旎的风景，也有未知的风险，如同一场概率游戏。而保险的理念很简单，就是避免我们的未来理想和生活被意料之外的事——疾病和意外破坏。保险会帮助人们锁定一个财务目标，确保在任何情况发生时都不影响目标的实现，即使发生重大疾病甚至死亡的不幸事件，都能帮助投保人实现曾经规划的目标。

生活中还有一类常见的风险——价格波动。比如一家面包店为了维持日常经营必须定期购入面粉，为了避免面粉涨价导致盈利减少，或是因囤积过多导致面粉过期，面包店就可以和面粉厂签订一个合约，约定一个月内都能以某个价格买入 500 公斤的面粉，这样就既保证了原料的持续供应，也不至于因市场价格的大幅波动而导致利润减少或是产生亏损。看上去这种合约好像是一方划算而另一方吃亏，但其实价格涨跌是不一定的，面粉厂也能通过这个合约锁定自己的盈利。这就是**远期交易**，即买卖双方并非当下实时完成交易，而是约定在未来的某一时间，按照既定的合约，完成货币与商品的交换。

远期合约是买卖双方量身定制的，交易的标的一般都是双方的实际需求，所有事项都要由交易双方一一协商确定，谈判复杂。后来，就产生了标准化的远期合约——**期货合约**，除了价格，合约的品种、规格、质量、交货地点、结算方式等内容都有统一规定。期货合约的实物交割比例很低，因为它是通过独立于买卖双方的结算公司结算的，也就是说，买方或卖方都无须对对方负责，所以他们可以不是真正要买卖面粉的人。

无论远期还是期货，都为人类进一步在时间维度上抵御未知的风险，更好地规划与发展起了非常重要的作用。

以上列出的只是几种常见的为了管理风险而发明出来的金融工具，随着社会经济的不断发展，还会涌现出更多的新工具。了解并使用这些工具，可以帮助今天的我们更从容地规划明天，一步步实现自己的目标。当然，计划永远赶不上变化，因为不确定的因素永远存在。让我们拥抱不确定性，尝试走出个人的舒适区，一点点拓宽个人的认知与能力边界吧！

小结

1. 不确定性与我们如影随形，随着人类文明的进步，我们也获得了对这个世界更多的掌控感。

2. 家族血缘、宗教及社会福利体系都可以帮助人们规避风险。

3. 金融工具具有管理风险、规避不确定性的功能。

4. 我们可以通过多种方式管理风险、规划未来。

思考与实践

历史上有很多事情我们可能难以理解，但从应对风险的角度来看，在当时的历史时期有其合理性。比如说，古时候的婚姻多是"父母之命，媒妁之言"，很少自由恋爱。请尝试从家族应对风险的角度重新思考这种现象。

1.6 钱放在银行里最保险吗？

上一节我们了解了不确定性和风险管理的问题。谈到风险，很多人肯定觉得把钱放在银行里最安全，万无一失。果真如此吗？

钱在银行的 N 种方式

我们把钱放在银行里面最常见的方式就是储蓄。

总的来说，储蓄还是非常安全的。我们将钱存入银行，一般不用担心钱会遭受什么物理上的损失，也不大会发生钱拿不回来的信用风险。

由于绝大多数的商业银行都是国家或地方政府的国有企业，有着较强的信用背书，此外，其后还有"银行的银行"——中央银行作为强大的后盾，即使商业银行出现资金周转困难，"央妈"也会及时输血，确保商业银行免于挤兑[①]风险。上述观点很长时间以来都是我们的一种普遍认识，正因为觉得存银行会有政府兜底，安全有保障，我国的居民存款储蓄率在世界上始终保持在一个比较高的水平。

但事实上，早在 1998 年 6 月，成立不到三年的海南发展银行就因深陷海南的房地产泡沫，成了国内第一家倒闭的银行。其后江苏射阳的农商行、山东省的临商银行也都发生过不同程度的

---

① 银行挤兑（Bank Run），是存款人集中大量提取存款的行为。其发生往往始于谣言或其他负面消息导致的储户对银行的不信任，信息经传播后，演变成更大规模的储户恐慌，导致即使不急需用钱的储户也急于取款。

挤兑风波。这些都提醒我们，尽管总体风险非常低，但把钱存在银行依然是有风险的。

2015年5月1日起，我国所有的存款机构都必须对自己的存款投保，如果银行发生问题，国家的存款保险基金就会负责向存款人限额赔付，最高的赔付额度为50万元。这也标志了我国的存款保险制度正式落地，为我们的金融系统又增加了一个相当重要的安全垫。尽管这项打破刚性兑付①的重要举措使得个人、企业存在银行的资金不再享有全额兑付的保证，但事实上，我国的存款账户99.7%的留存资金都在50万元以下，这也就意味着，不管是哪种类型的银行，即使发生了一些财务风险，绝大多数储户的钱也依然能够得到全额赔付。只要大部分人的资金是安全的，那么发生恐慌性挤兑的风险就微乎其微，从而金融系统的稳定性就得到了保障。

存款保险（Deposit Insurance）

存款保险是指存款银行交纳保费形成存款保险基金，当个别存款银行经营出现问题，存款保险基金管理机构依照《存款保险条例》的规定向存款人赔付被保险存款，并采取必要措施维护存款及存款保险基金安全的一种制度。

---

① 指金融产品到期后，无论实际的投资盈亏如何，金融机构都必须按合同对投资者还本付息的操作。这是我国固定收益市场发展初期的特有现象，随着投资者风险意识的加强与市场的逐渐成熟，刚兑的打破已成为历史的必然。

值得一提的是，随着其他金融产品的创新与发展，银行存款规模的增速显著放缓，"居民存款搬家"的长期趋势非常明确，更多的资金流向理财产品、货币基金以及股市和楼市中去。

不过，千万不要以为你放在银行里的钱都是自己的存款，因为银行除了常规的吸收存款之外，还经营着诸如理财产品、基金、外汇、保险、贵金属等多种金融资产的销售与管理，这些金融资产的属性与风险差别极大，绝对不能因为是在银行买的，就觉得它们跟储蓄一样安全。

对于基金、黄金这样的投资标的，我们都知道投资它们存在本金亏损风险，但对于我们较为熟悉的银行理财产品来说，尽管目前的理财产品都会在风险告知书中注明产品的风险等级（一般都不会承诺保本保收益），银行也会在事前对投资人的风险偏好加以评估，然而，由于长期以来我们已经习惯了到期还本付息的模式，从而对于这类产品的风险依然容易忽视。2020 年 10 月，一款由知名基金公司发行、中国工商银行代销的理财产品被曝全线违约，预期年收益率为 4.1% 的理财产品，到期竟然本金都无法全部收回。原来这款产品重仓了即将破产重整的某大型企业集团的债券。

作为投资者，我们应当明确，正如在便利店销售的面包并非由便利店生产的一样，很多在银行销售的理财产品、基金、保险等产品其实也并非出自银行本身，银行实质上就是一个经销商的角色，赚取的是买卖差价、佣金、渠道费等收入。银行必须担负起真实宣传、提示风险等职责，但没法对这些投资有保本保收益的承诺。因此，对于这样的产品，我们必须对其实际的投资去向有明确了解，进而对其实际风险能有一个基本的判断，从而合理审慎进行投资。

银行不是保险箱

通过上面的介绍，我们知道，商业银行本质上也是企业，通过经营各种业务赚取利润。在这些业务中，我们在银行的储蓄大概是安全性最高的。那我们把钱通过储蓄放在银行，是不是就相当于放进了保险箱呢？

风险高低往往与回报大小是正相关的。银行储蓄作为一种低风险的理财投资方式，你不能奢望其有多高的收益率。更何况在眼下世界整体经济不景气，各国普遍通过降息的货币政策来刺激市场流动性的大背景下，银行储蓄的利率越来越低，甚至日本与欧洲部分国家还实行负利率政策，这也就意味着老百姓把钱存银行不仅得不到利息，还得按资金规模收取相应的保管费。因此，从中长期来看，我们存银行所获的利息收益是相当微薄的，很难满足我们对于未来的财富需求。

什么叫"未来的财富需求"呢？我们每个人都希望"明天会更好"，但这点实现起来往往不容易，退而求其次，至少得"不比今天差"吧，如果是以此作为标准，"未来的财富需求"至少要能够维持当下的生活水准。于是，物价以及背后的通货膨胀水平就成了不得不考虑的因素。我们经常吐槽说"收入的增长跑不赢通胀"，其实反映的就是这个问题。有了通胀率作为参考，我们就可以进一步把名义利率与实际利率区分开来。

名义利率与实际利率
（Nominal Interest Rate & Real Interest Rate）

名义利率是央行或其他提供资金借贷的机构所公布的未调整通货膨胀因素的利率，即利息（报酬）与本金的比率。

实际利率是指剔除通货膨胀率后储户或投资者得到利息回报的真实利率。

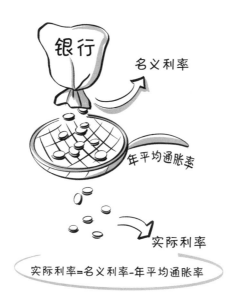

实际利率=名义利率-年平均通胀率

简单而言，银行公布的各种期限的利率就是名义利率，而实际利率需要进一步把通货膨胀率减除后得到 [1]。比如，假设银行一年期的定期存款利率为 1.75%，而通胀率是 1%，那么实际利率也就是 0.75%，这也就意味着，你把钱存在银行一年，表面看上去资金总额增加了 1.75%，但实质上这笔资金的购买力只增加了 0.75%。如果你存的是活期，年利率低于通货膨胀率，那实际利率就是负数了。

因此，银行储蓄虽然在安全性上有着相当大的优势，但其收益并不理想。如果你想保证未来的生活水平不滑坡，那就至少得让个人资产的增长率跑赢通胀率，而单纯的储蓄目前可能远无法

---

[1] 当通胀率比较低时，实际利率近似等于名义利率与通胀率的差值，更为准确的关系是 $i=(r-p)/(1+p)$，其中 i 表示实际利率，r 表示名义利率，p 表示通货膨胀率。

实现这一目标，因此，银行储蓄也不是"保本保收益"的"保险箱"。这也是"居民储蓄搬家"的重要原因。

调节好风险与收益的天平

风险和收益的关系其实有四种，高风险高收益、高风险低收益、低风险高收益、低风险低收益。由于市场机制的作用，低风险高收益的市场会迅速引来大量的投资者，将其收益拉平，而高风险低收益的市场，也会乏人问津。因此，普遍存在的是高风险高收益和低风险低收益的产品。

我们把钱投入银行的各种产品，这些产品也会符合上述风险和收益的关系。因此，躺着把钱挣了的好事或许有，但往往并不长久。事实上，你需要逐步打破类似"不想冒风险，又想赚大钱"的幻想，正确理性地认识风险与收益的关系，把风险与收益的天平调节到自己认为合适的位置，赚属于你风险承受力范畴内的那部分钱。

1. 在银行购买理财产品及银行代销的各类金融产品，不能将它们和储蓄等同，要注意其内在风险。

2. 存款保险制度为金融市场的稳定有序发展，筑起了一道有力的"防洪堤"。

3. 银行不是保险箱，就算是安全性最高的银行储蓄，也会因为存款利率小于通胀率而使我们的资金蒙受损失。

4. 风险无处不在，"赚傻钱"的机会并不多，因为资本总是"聪明"的。

思考与实践

你家在银行买了哪些金融产品？了解一下这些产品的风险与收益情况，看看是否还有改进的空间。

1.7　要不要选一条人少的路走？

　　人是社会性、群体性的动物，日常生活的方方面面我们都或多或少受到他人的影响。学生时代，同学们做事情喜欢成群结队；进入了社会，不论工作中的疑难决策，还是其他生活上的纠结选择，我们也都会寻求有经验的朋友、家长、前辈的建议。事实上，除了主动接受他人的影响，我们往往更多是在潜移默化之中被他人影响。比如，当你频繁看到某个产品的广告时，同等条件下，你就更倾向于购买这个产品；又比如，你工作的团队里，同事都很鸡血，都会自愿加班，那你可能也会不知不觉中延长自己的工作时长。

　　这样的例子比比皆是，从众能给人安全感和归属感。正因如此，坚持独立思考、理性判断才更加难能可贵，更加重要。

无处不在的"羊群效应"

　　羊群是一种很散乱的组织，平时在一起也是盲目地左冲右撞，但一旦有一只头羊动起来，其他的羊也会不假思索地一哄而上，全然不顾前面可能有狼或者不远处有更好的草。人类在很多方面同样会有类似的盲目从众的心理，进而产生一系列非理性的行为，这就是所谓的"羊群效应"。

羊群效应（Herd Effect）

"羊群效应"也称羊群行为、从众心理，用来比喻个体的一种因跟风从众心理而导致的群体性行为。

关于羊群效应，有一个非常生动的例子。一个石油勘探者死后进了天堂，圣彼得对他说："石油勘探者的居住区已经满了，我没有地方提供给你。"商人问："您不介意我说五个字吧?""可以。"于是商人大声说："地狱里有油!"所有的石油勘探者都直往下冲，地方被腾空了。圣彼得说："好吧，现在这块地方全都是你的了。"商人停了一会儿，说："哦，不了，我还是跟着他们去地狱吧，毕竟空穴不来风。"

很多商家都擅长使用"羊群效应"。刚开张的饭店，老板一般会叫来自己的亲戚朋友，坐得满满当当的，外面的顾客一看，这家店不错呀，一开张就这么多人吃，肯定很好吃。于是，顾客也就慢慢增多了。

在投资领域，"羊群效应"也相当普遍。金融史上第一次有记载的泡沫事件，就可以归结为"羊群效应"。大约在 16 世纪末期，郁金香传入荷兰，当时的郁金香在荷兰是稀有花卉，而且开花后非常美艳，赢得了权贵阶层的青睐。于是，各路投机商人纷纷开始高价收购郁金香球茎。到 1634 年，大量外国商人也奔赴荷兰参与到郁金香投机中，导致原本是天价的郁金香球茎价格再度疯涨，稀有品种的一颗球茎居然比阿姆斯特丹市中心的一套豪宅还贵。1637 年 2 月 4 日，市场中突然有人将自己的郁金香合同倾售一空，郁金香泡沫的第一枚骨牌被推倒，所有人都如梦初醒，疯狂抛售，郁金香很快回归到它本来的价格，一颗普通球茎的价格甚至还不如一个洋葱。

我们还可以用"**信息瀑布**"理论来解释"羊群效应"。之所以叫信息瀑布，是因为瀑布越往下，水量越大，所承受的冲击力越强，类比到信息的传递上，在信息的下游方，信息所出现的效果也就越强，人们也越难以理性独立地思考。当所有的石油勘探者都跑了以后，连谎言的始作俑者都相信了自己的谎言，可见羊群效应的威力。

移动互联网的时代，资讯的传播变得更为便捷，但虚假不实的信息也借由人们的"羊群效应"得以更广泛地传播，当你看到有些微博或是公众号的文章有很大的阅读量和转发量时，会不会就对其内容的真实性更多一份认可呢？事实上，我们每个人都可能是潜在"羊群"的一分子，时刻都面临理性的考验。

一致性预期与逆向思维

如本节开头所说，从众心理之所以普遍，是因为大多数人的选择给我们提供了一种安全感。面对两家陌生的饭店，一家顾客盈门，一家门可罗雀，去人多的这家大概率是正确的选择。

但是，在很多领域，当所有人都形成了一致性预期，我们往往需要逆向思维。

像"郁金香泡沫"这样的许许多多的例子表明，一致性预期是一个非常重要的信号，当市场上大部分参与者都达成一致预期的时候，市场逆转的时刻也就要到了。并且，一致性预期越集中，市场越接近走向反面。一致性预期包括一致性的乐观和一致性的悲观，都是市场即将转向的强烈信号。

成功的决策者，往往敢于在一致性预期形成的时候逆向思维。股神巴菲特就说过："在众人贪婪的时候我恐惧，在众人恐惧的时候我贪婪。"巴菲特逆向思维的事例不胜枚举，比如20世纪末的互联网泡沫中，巴菲特因为没有参与科技公司的投资，受到广泛的质疑和嘲讽，很多人都认为股神落伍了，不料2000年互联网泡沫破灭，科技股暴跌，无数投资者损失惨重。在此次泡沫破裂期间，现在如日中天的互联网巨头亚马逊的债券被下调到垃圾债的评级，就在众人抛售亚马逊的债券时，巴菲特却在反向大量买入。次年亚马逊的业绩就出现反转，债券价格也开始节节攀升，随后短短几年内巴菲特的持有收益就高达了140%。一番精彩的逆市操作，实力演绎了什么叫"姜还是老的辣"。

金融市场上的投资如此，我们个人的投资与决策，道理也是相通的。如何克服从众心理，审时度势、理性思考进而作出选择，是每个人一生中经常需要面对的问题。

学会独立思考、理性决策

曾国藩有著名的"六戒"，其中第一句就是"久利之事勿为，众争之地勿往"，意思是长久有利可图的事情不要去做，很多人争夺的地方不要去。

美国诗人弗罗斯特有一首著名的小诗，结尾是这样写的："林子里有两条路，我选择了行人稀少的那一条，它改变了我的一生。"

生活中更多的选择与决策都是一种利弊权衡的取舍，也许很难有明确的好坏对错。"选一条人少的路走"并不是故作姿态的特立独行，而是经过独立思考之后的理性决策。

小结

1. "羊群效应"在生活中广泛存在。我们每个人都可能是潜在"羊群"的一分子，时刻都面临理性的考验。

2. 在很多领域，当所有人都形成了一致性预期，我们往往需要逆向思维。

3. "选一条人少的路走"应该是经过独立思考之后的理性决策。

思考与实践

在你以前面临的各种重要的选择中，你是否有"选一条人少的路走"的时候，你当时是如何判断的？现在的你怎么看待当时的选择？

1.8 越有钱就越幸福吗?

俗话说得好,一分钱难倒英雄汉。财富之于人的重要性不言而喻。所以,财富和幸福是成正比的吗? 越有钱就一定越幸福吗?

财富的边际效用递减效应

二战后的日本在 20 世纪 60 年代初还是一个相对贫穷的国家,而到了 20 世纪 80 年代后期,日本的人均国民收入翻了四番,华丽转身站在了最富裕的资本主义国家之列。然而相关研究数据显示,日本 1987 年的人均幸福指数却比不上 1960 年。有趣的是,20 世纪 80 年代末以来,随着股市、楼市泡沫的破裂,日本经历了所谓"失去的十年",日本国民的幸福感却开始回升,并且在日本经济增速停滞的这 30 年来一直保持比较高的水平。

盖洛普公司 2012 年公布了一项对美国人收入与生活满意度的调查发现,美国家庭年收入在 7.5 万美元以内,人们的幸福感会随着收入的增加而增加,但过了 7.5 万美元这个临界点,人们幸福感的增加便不再明显。

2020 年,央视发布了《中国经济生活大调查 (2019—2020)》,这个国内规模最大的民生调查活动显示:年收入 1 万 ~ 5 万元的人群幸福感最低,感觉自己幸福的比例不足 38%;年收入 12 万 ~ 20 万元的人群幸福感最高,感觉自己幸福的比例占到 59.94%;其次是年收入 100 万元以上的人群,占到了 59.92%。

有意思的是，在感到不幸福的人群中，年收入超过100万元的高收入人群比例最高，20.23%的人感觉自己不幸福。

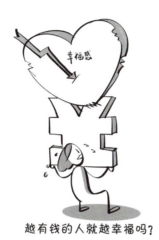

越有钱的人就越幸福吗？

世界上有一群经济学家专门研究幸福指数，谓之"幸福经济学"，他们的调查研究也都得出相同的结论：富人确实比穷人感到更幸福，富裕国家的人民也比贫穷国家的人民生活满意度更高，但是到一个临界值之后，这种相关性就消失了。

为什么会出现这种现象呢？我们可以用经济学中的"边际效用递减"规律来解释。

知识卡

边际效用递减（Diminishing Marginal Utility）

假定消费者对其他商品的消费数量保持不变，则消费者从某种商品连续增加的每一消费单位中所得到的效用增量是递减的。

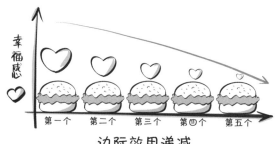

边际效用递减

经济学经常用下面这个例子来解释边际效用递减规律：

肚子很饿，这时候你吃到了第一个馒头，感觉非常幸福；吃第二个馒头的时候，也很舒服；第三个馒头，还可以；第四个馒头，饱了；第五个馒头，再吃下去就不舒服了。也就是说，每一个馒头带给你的效用是依次递减的，到后来甚至会引起你的不舒服，也就是产生负的效用。这就是边际效用递减规律。

对应到金钱与幸福的关系，当我们很穷的时候，增加收入带来的幸福感是最大的，从食不果腹到顿顿能吃饱，从居无定所到有自己的房子，喜极而泣都是真实的。当你钱多到"车厘子自由""超市自由"，甚至"车子自由""房子自由"的时候，收入的增加就不会让你太激动了。经济学家发现，随着物质水平的提高，物质产生幸福感的成本变得越来越高。普通白领每个月增加 1000 元钱可能就会感到幸福，对富豪来说，也许每个月增加 1000 万元才能产生同样的幸福感。

有时候，钱多也意味着事情多、责任大，休闲、旅行、情感等可能比较稀缺，同样根据边际效用递减规律，增加后者能更快地提升富人们的幸福感。

攀比是幸福的大敌

在物质生活极为丰富的今天，罹患抑郁症等心理疾病的人却越来越多，很多人感到不幸福、不快乐。攀比心理是令我们感到不幸福的普遍原因。

1998年的一项著名研究显示，相对于自己每年赚10万美元，而其他人赚20万美元的环境，人们更希望生活在自己每年挣5万美元，而其他人挣2.5万美元的环境中。

也就是说，"幸福"可能不是我们真实的感受，它是通过跟周围人的比较获得的。

我们攀比的"参照群体"不是距离我们很远的人，而是跟我们生活水平相似的亲戚、朋友、邻居和同事。比尔·盖茨住什么房子跟我没关系，但周围一直玩的朋友都住进豪宅了，自己住在两室一厅的老公房就会觉得不满意。

这里就会出现一个悖论：当我们收入增加以后，我们会把以前的"参照群体"换成更有钱的一拨同事或朋友。比如，我们有钱了，买了高档小区的房子，然后发现这里的人吃穿用度都很讲究，要跟上大流，我们的钱就又不够了。虽然收入一直在提高，但幸福感却始终离我们很远。

所以，如果你觉得幸福只来源于物质满足，最终会发现，财富带来的快乐不如预期，为了获得更多的愉悦，你就得不停地追求更多的财富，因为总有人比你更富有。而追求财富并不是简单的事情，需要付出许多其他方面的代价，这样，你就反而与幸福背道而驰了。

另据学者的相关研究，我们身处的东亚地区是全球幸福指数最低的地方之一，这可能是因为我们更重视别人的评价，更习惯与身边人作比较，因而更加难以感到幸福。

正确看待财富与幸福的关系

通过上文分析得知，财富到一定程度之后，和幸福就没什么关系了。另外，获取财富并不容易。所以，如果我们已经能够满足基本的物质生活需要，可能更应该考虑另一个问题：如何在现有的物质基础上，让自己更幸福。

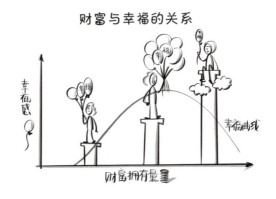

财富与幸福的关系

在这方面，心理学家有几点建议：

第一，越来越多的证据表明，让我们感到更幸福的是体验，而不是物质。也就是说，花钱获得一段经历比单纯购物带给我们的快乐更多。你可以回想一下，同样的钱，去旅行或者跟好朋友一起吃饭，是不是比买了一件衣服更加快乐？同样是吃饭，跟谁一起吃是不是比吃什么更重要？

第二，分散的体验比集中的体验更有益。调查发现，经常小小地放纵一下的人，比辛苦了一年大大犒赏自己一回的人对生活更满意。所以，不妨经常给自己规划一些周末的短途旅行，增加自己的幸福感。

第三，预期的快乐大于实际的快乐。一项对度假者的调查发现，最大的幸福感来自期盼假期的到来。也就是说，延迟享受或者说提前规划，就可以好好享受从规划到出发这段时间的快乐。如此看来，那些需要提前一年预订的餐厅、奢侈品牌的高定，真的是极大化了消费者的幸福感。

更重要的是，除了通过金钱来获取幸福，我们还应该有更高层次的追求。如果一味沉迷于追逐物质享乐，忽视精神层面的追求，难免会心灵空虚。我们常常看到，一些暴富者由于无法适应这种心理空虚，为寻求更大的刺激，竟然染上赌博、吸毒等恶习，最终走上犯罪道路。在社会新闻中，巨额彩票的中奖者、城市拆迁暴富人群，等着他们的并不都是幸福的人生。

最后，归纳来说，如果我们的收入太低，离幸福的临界点还很远，那我们就应该努力提高收入，让自己或家人过上舒适稳定的生活。如果我们的物质生活水平已经大大超过幸福的临界点，那我们就应该思考如何通过其他精神追求去获取更高价值的幸福与满足。

总之，在现代社会，我们没必要视金钱如粪土，也不能盲目地崇拜金钱。金钱只是我们获取幸福的一种途径，而绝不是生活的终极目的。

小结

1. 在一定的程度上，幸福和金钱成正比关系，但超过"临界值"，幸福和金钱的关系就不大了。

2. 金钱对幸福的效用也符合经济学的边际效用递减规律。

3. 幸福不幸福往往来源于跟身边亲朋好友的比较，攀比是幸福感的大敌。

4. 与其将自己的生活目标设定为追求更多金钱，不如想想如何在有限的金钱里获得更多幸福，以及如何通过其他精神层面的追求去获取更高价值的幸福与满足。

思考与实践

采访亲朋好友，试着分析一下他们的幸福指数跟财富是什么关系？

2 Z世代的生活与理财

Z

2.1　怎样避免沦为"月光族"?

现在是物质高度发达的时代,如果你想要什么就买的话,很快你的衣柜就会塞满衣服,笔筒里就会装满各种各样的笔,积攒的漂亮本子永远都用不完。但对于每个人来说,每个月能花的钱是有限的,于是有不少人成了"月光族",每个月的最后几天甚至要借钱过日子。

不想做"月光族",却想过舒适而从容的生活,我们应该怎么办呢?

区别"需要"和"想要"

"需要"是指你必须拥有、生活中不可或缺的事物,也就是必需品。比如我们生活所需的衣、食、住、行就是必需品。但是名牌衣服、山珍海味、别墅洋房、豪华汽车就是你**"想要"**的东西,它们并不是你的必需品,而是你深层次的消费欲望。

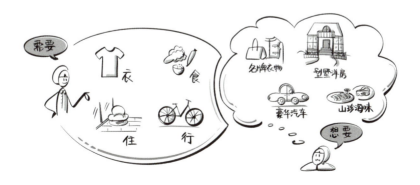

简单对比之后，相信你就能清楚地明白"需要"和"想要"的区别。随着经济的发展，日常消费在满足"需要"之余，会逐渐过渡到"想要"的阶段。而且，随着年龄的增加、财富的积累，你看东西的眼界不同，慢慢地，"想要"的东西就会变成"需要"。比如，在以前，汽车还是很稀罕的东西，属于"想要"而不是"需要"的范畴，到了现在，如果我们住的地方交通不太方便，那买辆车就是"需要"的了，高档轿车才属于"想要"的范畴。

每个人的境遇不同，同样的东西，对有些人来说是"需要"，对另一些人而言就是"想要"，我们没必要攀比追逐。当然，有时候，"想要"的东西多也未必是坏事，可能是进步的动力！但是千万记得要量力而行，在买东西之前，多问问自己，这究竟是自己"需要"的还是"想要"的？

考虑每次购物的机会成本

学会区分"需要"和"想要"以后，你便经常会面临选择。

比如，你今天和朋友相约逛街，本来想去买一个实用、性价比高的书包，到了商场以后发现某大品牌的双肩包在打折，但即使打完折也大大超出了原来的预算。你会怎么选择呢？

如果你依旧选择实用的书包，它不仅满足了自己的"需要"，预算也在可控的范围之内，的确是不错的选择。如果你转而选择大品牌的双肩包，它的材质和款型更好，折扣的吸引力也很大，但可能会超出预算，需要对接下来的生活开支做些调整。如果你可以承受一段时间的节俭生活，将此处超出的预算在其他的开支中减少，那为自己买个大品牌的包也无可厚非。

在经济学中，把为了得到某种东西而需要放弃另外一样东西的某些价值，称之为**机会成本**。在上面的例子中，你买了这个大牌包包，就得放弃很多其他的享受，这些享受就是这个选择的机会成本。

机会成本涵义很广，不仅包括金钱。比如你考大学的时候，北大和清华同时向你伸出橄榄枝，你选择了清华，北大就是这次选择的机会成本，反之亦然。你找工作的时候，阿里和腾讯都愿意录用你，你选择了阿里，腾讯就是这次选择的机会成本。

机会成本告诉我们，做任何选择都是有代价的。其实，我们在生活中随意地买买买，不但花的钱有机会成本，花的时间也有机会成本，如果用来看一本书、踢一场球，可能会给我们带来更大的快乐。

有了机会成本的思维，我们在每一次消费前，都应该追问自己一个问题：这笔消费的机会成本是什么，这样的机会成本真的是我可以承受的吗？相信这种思维会为你省下不少的时间和金钱，让你不再经常当"月光族"。

通过记账审视自己的开支

如果说消费前的理性思考可以给你省去许多不必要的支出，那么消费后的记账习惯，可以更好地帮助你合理规划支出。

记账一般是将收入和支出记录下来，可以用纸笔记账，也可以用手机记账。由于现今手机支付十分流行，因此运用手机记账软件也是不错的选择。许多手机支付软件本身也自带记账功能，比如支付宝的"记账本"，可以直接计算你支付宝的收入和支出账目，同时，你也可以使用"记一笔"功能，将其他付款方式的账目添加进去。

为了跟你的记账单进行比对，你可以把消费凭证保存下来，比如刷银行卡的 POS 单，消费的发票、收据等等。消费凭证不仅方便你记账，确保账目清晰，也是你以后退换货的凭证。购买大件物品，特别是电器、家具等有可能需要后期维修的产品，就可以把消费凭证和保修卡存放在一起，方便查找。

记账一般以"月"为单位。我们的收入是比较好计算的，支出方面，我们可以分成两类，一类是必要支出，一类是非必要支出。像支付宝里面就设计了分类账单，有饮食、服装美容、交通出行等分类，你可以根据自己的情况来确定哪些开销属于必要支出，哪些开销属于非必要支出，可以考虑缩减。

记账的时候要注意，不要只记大件消费，不计小额开销。要知道，平时有大量的小额开销，积累起来，也是一个很大的数字。比如说，如果经常打车，一次几十元钱，一个月就要上千元。

这些非必要的开销，有一个专门的词，叫**拿铁因子**，这个词是作家兼金融顾问大卫·巴赫（David Bach）首先提出来的。在西方国家，喝咖啡是普遍的习惯，大卫·巴赫算了一笔账：一对夫妻，每天都到咖啡馆喝一杯拿铁，30 年累积算下来的花费累计高达 70 万元人民币。

拿铁因子

可有可无的惯性支出

每天2杯☕ × 30年 ≈ 70万

我们生活中有很多像买杯咖啡一样可有可无的习惯性支出。有时候决定财富积累的不一定是大的收支，而是我们不注意的细节，这些随时随地的小的开支就像沙子慢慢从手指中滑出，我们甚至感知不到这种遗漏。

记账就可以帮我们发现日常生活中的拿铁因子，把这些漏洞堵上，当然这并不是要我们变得一毛不拔。养成记账的习惯后，可以定期打开自己的账本反思一下，这段时间是胡吃海喝太多了，还是衣服买得太多，或者是多出来什么特别的开销，把自己的消费做一个合理的分类，去掉不必要的开支，从而对自己每个月的消费水平有一个大概的预算。如果每个月的预算大于收入，那就必须再缩减开支。这样，在下次碰到各种促销活动的时候，你就比较容易保持理性。

每个人的财务状况和消费习惯各不相同，所以说很难有通行的消费原则。不过有两点消费习惯，可能有助于我们更加理性地消费。

其一，难免有冲动和不理性消费的时候，建议尽量选择可以限期无理由退货的，这样万一后悔了可以退货，否则买了不用，既浪费资源，又占存放的空间。

其二，尽可能买质量好、性价比高的东西，而不是只买便宜货。便宜货虽然便宜，但如果能用上的机会很少，反而造成资源和金钱的浪费。

相信有了良好的消费和记账习惯，你可以变得更理性。钱花得少了，但生活品质并没有下降，再也不用当"月光族"了！

小结

1. 区分"需要"和"想要"，在资金有限的情况下只买"需要"的东西。

2. 了解每次购物的机会成本，三思而后买。

3. 通过记账找出那些非必要开销，作出适当取舍。

4. 为今后的消费作出合理的预算，不再当"月光族"。

思考与实践

尝试用支付宝的记账功能给自己记一次账，看看你一个月的支出都用在了哪些方面。跟你平时的感觉一样吗？是否有需要调整的？

2.2 囤货是省钱的行为吗?

如果哪天你有空收拾屋子,会发现家里居然有那么多留着无用、扔了可惜的东西,例如藏在衣柜角落的过时衣服、好看但不合脚的鞋子、各种漂亮的写了一两页的本子……这些感觉永远都不会再用上的东西,我们当初为啥要买呢?

可能是稀缺心态在作怪

我们所处的是个过剩的时代,大部分商品都供过于求,并不需要我们抢购之后堆在家里以备不时之需。那我们为啥还那么喜欢囤货,碰到打折就拼命买呢?可能是我们的大脑被稀缺心态给控制了。

2013 年,美国的两位学者在畅销书《稀缺:我们是如何陷入贫穷与忙碌的》中,提出了稀缺心态这个词。

什么叫稀缺心态呢?举个例子,电视剧里面的贪官,买了一套房子专门放钱,打开柜子,全是排放整整齐齐的现金,掀开被子,床上也是码得平平整整的现金。贪官交代说,这些钱他用不着,也不敢用,但是穷怕了,见到钱就想要,即使有了一屋子的钱,还是觉得不够。

这位贪官非常贴切地解释了"稀缺心态"的含义,就是因为曾经稀缺所导致的一种无意识的心态。

稀缺心态（Scarcity Mindset）

稀缺心态，又称"稀缺俘获大脑"，是由事物稀缺形成的一种心态，而且这个过程是无意识的。当我们的大脑被稀缺俘获的时候，我们会专注于解决稀缺状况，导致智商下降或冲动决策。

什么人最爱囤货？就是曾经经历过物质匮乏年代的人。可能我们身边都有这种特别爱囤货的家人，只要碰到打折促销就使劲儿买。至于抢购的这些东西能否用完、会不会过期、适不适合自己、家里储存空间够不够，那都顾不得了。

可是没有经历过物质匮乏的你，为什么也在打折的时候买买买呢？因为你觉得自己缺钱，你被金钱的"稀缺心态"控制了，所以你会对"打折""On Sale"这样的字眼过分注意，以至于在那个瞬间智商下降、冲动购买。买回家以后你可能会后悔，因为这时的你恢复了理智。

当然，稀缺心态不仅包括物质的稀缺，也包括时间的稀缺、友情的稀缺等等。如果一个人在成长的过程中缺少关爱，就会陷入爱的"稀缺心态"，谈恋爱容易遇人不淑，因为你会像抓住救命稻草一样抓住对方释放的爱意，而缺乏理智去辨识对方的为人。

稀缺心态是一种典型的穷人思维。通过对不少个体长期的观察发现，穷困之人真的会一直缺钱，因为稀缺心态会让他们专注于眼前的稀缺，忙着应付缺钱的状态，而缺乏长期的规划和投资。这一事实也被《稀缺》一书作者的调查证实，他们发现，即使给穷人一笔钱，他们也无法变得富足。所以，稀缺不可怕，可怕的是稀缺心态，稀缺心态会成为一切稀缺的根源。

稀缺心态的另一种负面后果，叫做"带宽降低"。如果把我们的大脑比喻成电脑，稀缺心态就好比一个有 bug 的程序，在脑子里不断运转并消耗我们的脑容量、削弱我们的认知能力和执行控制力。我们的大脑能同时处理的事情是有限的，如果你专注于"稀缺"这件事，那处理其他事情的脑容量就会减少。

稀缺心态会让你小事精明、大事糊涂。有的人为了能在"双十一"尽可能省钱，把商家的连环折扣研究得透透的，专门熬夜等着 0 点开抢，结果"一通操作猛如虎，事后一算二百五"。

谨防商家的营销套路

冲动消费、囤货很多时候都是出于一种稀缺心态，不过，有时候商家的套路实在是防不胜防，我们作为普通消费者难免中招。

商家的营销套路有多少？光这方面的畅销书就能形成一个长长的书单，所有成功的企业里面可能都隐藏着一个营销大师。他们成天盘算着我们的收入情况、消费习惯、行为心理，目的就是让我们多消费。

　　比如，想要不参与"双十一"的抢购是需要很强的定力的，因为商家已经通过各种营销手段告诉我们：这是一年一度最便宜的时刻，现在不买，再等一年。用市场营销的行话来说，"双十一购物狂欢节"已经占领了我们的心智。其实，如果你细心观察会发现，很多服装品牌你12月去买的话，基本都是"双十一"的价格，因为要换季上新了。不少商品，你明年再买，可能价格也都便宜了，因为商家要不停地推陈出新，老款总是要打折清仓的。退一步说，就算"双十一"确实很便宜，但你得熬夜、返点、拼单，真值得花那么多时间去占这个便宜吗？如果你确实要用，并且不用花费太多精力的话，"双十一"购物确实能省钱。但你只是囤在家里不用的话，在这个供过于求的时代，多半是得不偿失的事情。

线下购物的套路也很多，比如服装店的折扣经常是买一件 8 折、两件 7 折、三件 6 折。算来算去，发现还是买三件最合算。不过你回去以后，可能还是只穿本来打算买的那件，另外两件都浪费了。其实，你不仅浪费了钱，还浪费了用于挑选比较的很多时间，拿回家又占了储存空间。

商家的营销套路很多。想要不中招，只有一个办法，就是时时检视自己的稀缺心态，只买自己真正需要的东西，而不是因为促销盲目囤货。

学会"断、舍、离"

我们前面讲了，经历过物质匮乏时期的人最爱囤货。在物质丰富的时代待得久了，消费就会慢慢理性了。

这方面日本是个很好的例子。日本人曾经是全世界的暴发户，很大比例的奢侈品都是日本人买走的，东京街头人人都背着 LV 的包包。经过物质极大丰富的洗礼，现在的日本人重新回归了简约实用的消费理念，在日本街头已经不太能看到豪车和大牌包包了。

中国目前正处于经济实力快速上升的阶段，人们追求物质的欲望还非常旺盛。据统计，2020 年中国奢侈品消费占全球比例超过四成，疫情之下奢侈品消费逆势增长 48%，成为全球最大的奢侈品消费国。这实在是个惊人的数字。可以说，中国整个社会都还处于一个囤货的阶段，也就是说，很多人都还被金钱的稀缺心态所掌控。根据历史经验，这个阶段大概还要持续一段时间，然后才会慢慢退潮。

日本作家山下英子在其著作《断舍离》中倡导的极简概念已

经风靡了二十多年，在中国也有了不少拥趸。所谓"断"，是断绝想买回家但实际上并不需要的东西；"舍"，是舍弃家里的那些泛滥的破烂，或送或卖或扔；"离"，是脱离对物品的执念，让自己处于游刃有余的自在空间。

可以看到，"断舍离"是对稀缺心态的一种很好的应对，其核心是让人思考"物品和自己的关系"，它是一种更健康的生活方式。只有控制住自己的稀缺心态，建立自己的安全感，才能从各方面进行"断舍离"。

对我们个人来说，要摆脱囤货的困扰，控制自己在金钱方面的稀缺心态，有一个很好的办法，就是文中开头所说，没事儿多在家里收拾收拾，把那些囤的东西翻出来看看，反思当时在什么诱惑下冲动购买的，造成了多少金钱和时间的浪费。

所以，回到我们标题的问题，囤货多是出于省钱的目的，但往往并不能省钱，反而可能造成各种资源的浪费。

小结

1. 买任何东西之前，都要多想想是否真的需要。

2. 多多检视自己的稀缺心态，养成理性消费的习惯。

3. 谨防商家的营销套路，避免流程太复杂的消费，以免浪费时间精力。

4. 多清理家中杂物，闲置物品加以利用，处理掉多余物品。

思考与实践

稀缺心态的负面作用很明显，如果你陷入稀缺心态当中，会变得视野狭窄、智商下降，容易匆忙作出错误的决定。但稀缺心态也有正面作用，请查阅有关资料，了解稀缺心态有利的方面。

2.3 该不该办商家的会员卡？

我们看古装片时，常常看到商家对于老主顾、大客户会给予一定的优惠，甚至可以赊账，有好的货源也会优先供应给他们。这跟现在常见的商家会员卡所提供的权益是差不多的。

在智能手机普及之后，大部分商家会员卡都与手机号码挂钩，不需要实体卡，非常方便，但风险同样存在，比如我们的个人信息可能被泄露，如果卡里事先充了值，还可能因为商家倒闭或跑路导致资金损失，等等。

那么，我们到底该不该办商家的会员卡呢？

商家为何要推销会员卡？

常见的会员卡，可分为积分类、充值类、身份类等等。

表 2.1 常见会员卡分类

会员卡种类	主要使用商家/行业	是否收取会员费	对商家的好处	对消费者的好处
积分类	商场、超市等	否	吸引消费者长期持续消费	积分可兑换小礼品或代金券
充值类	美容、美发、健身、餐饮、教育、出行等	否，但通常有起点充值金额要求	提前回笼资金，鼓励消费者排他性消费	可享受较大的消费折扣
身份类	特色卖场、高端会所等	是	服务特定人群，差异化竞争，培养用户忠诚度	获得专属权益

商家为什么热衷于推销会员卡呢？主要还是因为同类商户的竞争非常激烈，会员卡是吸引并留住消费者的有效招数。

比如积分卡，一家商店每年可以将积分免费换成家家户户都需要的米、面、油、鸡蛋等等，我们与其这家逛逛那家逛逛，不如集中在这家买，年末能多换点儿东西，反正各家的货品和价格都差不多。

充值卡更是可以吸引消费者"排他性"消费。比如，你经常要美容美发，那办卡后的单次消费价格会便宜很多，而且，预付费越多、折扣越大，所以办了一家店的美容美发卡，你多半不会再去其他店消费了。而且，办卡之后，每次消费都直接从卡里扣款，跟直接付现金相比，会员卡扣款不那么让你心疼，花得更爽气，更能接受商家的各种推销。

另外，办充值卡可以让商家提前收到预付费，快速回笼资金，而且这笔钱不需要支付利息，可以用来支付店铺的各种开支，或者用于投资获利。

办理会员卡对商户来说还有一个重要的优势，商家可以获得顾客真实的个人信息以及消费偏好等数据，从而有针对性地采取营销策略，随着社交媒体的普及，商家可以便捷地进行精准化、个性化推送，促进会员进行更多的消费。

可以看到，办理会员卡对商家来说好处很多，这也是各类商家都卖力推销会员卡的原因。

会员卡的沉没成本效应

前面讲到，用会员卡消费的时候会比较舍得花钱，毕竟会员卡里面的钱是很难退回来的，而且不能用作其他的消费。会员卡里充的钱有点儿像经济学中的沉没成本，所以会员卡也有沉没成本效应。

沉没成本（Sunk Cost）

沉没成本，是指已经发生而且不可收回的成本。理性的决策不应该受到沉没成本的影响。

沉没成本

怎么理解沉没成本呢？举个简单的例子。

假如你花 200 元钱买票去看演出，演出开始没多久，你突然发现自己买错票了，这演出完全不对你的胃口，坐在那里简直难以忍受。这时候，你会不会果断起身走人？

理性的人应该会立刻离开，因为你再看下去，只会让自己难受。如果你舍不得 200 元钱，那不但浪费时间，还增加痛苦。

你花出去的那 200 元钱就是沉没成本。如果你不舍得 200 元钱，还是勉强自己坐在剧场受罪，那你就陷入了"沉没成本谬误"或者叫"沉没成本效应"。

英谚有云，"不要为打翻的牛奶哭泣"，"打翻的牛奶"就是沉没成本，"为打翻的牛奶哭泣"就是沉没成本谬误。沉没成本谬误是非常普遍的现象，我们其实在很多情况下是难以理性思考的。

"不要为打翻的牛奶哭泣"

"打翻的牛奶"
就是沉没成本

"为打翻的牛奶哭泣"
就是沉没成本谬误

举个例子，比如有些人沉迷赌博，输了钱之后，总想着翻本。这时候，如果有人问他，假如他之前没进过赌场，没输过钱，他还会想进赌场大赚一笔吗，他肯定不敢了。就是因为之前输了钱，他就总想着进场把本钱赚回来。而如果他足够理性的话，就会明白，再进赌场，输钱的概率还是大于赢钱。所以，很多赌徒之所以无法自拔，很大程度上也是陷入了"沉没成本谬误"。

充进会员卡的钱是挺难拿回来的，而且，你还会被诱导不断地投入。因此，对于这种类似"沉没成本"的投入，大家当然要小心。

不过，有时候可以利用"沉没成本谬误"来帮我们完成一些很难达到的目标。

比如，白领小媛每年都办健身卡，但一年只能去几次，办会员卡的钱都浪费了。为了强迫自己锻炼，小媛咬牙花了一万元钱，办了一家舞蹈会所的年卡。规定每周六下午排练四小时，不去钱也照扣。结果，小媛办了卡以后，雷打不动，每个周六都去训练，万一哪次没去，还得找教练安排时间补课。一年下来，她的形体和气质都有很大的提升。

小媛为什么这么有毅力？就是因为舍不得钱。以前健身房的会员卡，老觉得有的是时间，总是拖，拖到最后，又觉得反正就千把元钱，算了吧。现在，一年总共就50节课，每次200元，浪费掉实在心痛。

所以，如果使用得当，沉没成本效应也能起到正面的刺激作用。

该不该办会员卡？

鉴于会员卡已经非常普遍，生活中可能免不了会办理会员卡，但要注意：虽然它能带来一些消费上的便利和价格上的折扣，但并不是没有风险。目前比较常见的风险，一是隐私数据泄露，二是资金损失，需要特别警惕。

一般来说，办卡的时候需要提供的资料越多，我们越要当心。注意，不要轻易把身份证及其复印件提供给不熟悉、不了解的商家。对于通过扫码一键获取信息的，也要提高警惕。

办会员卡的另外一个重要风险是商家倒闭或是携款跑路，这类的新闻事件报道层出不穷。因此，应该尽量选择预付金额小的会员卡，避免一次投入过大，承担过高的风险。

在办理会员卡之前，最好对商家作一定的了解。现在网络发达，有许多方式可以查询到商家的资质，在办卡之前查询一下，确保商家是正规企业，避免自己遭受不必要的损失。

办理充值类、身份类会员卡时，大多需要签合同（有时是电子合同）。根据《合同法》的相关规定，消费者交了预付款以后，就相当于订立了合同。我们要仔细确认合同约定的权利和义务。尤其是有些合同特别冗长、字也很小，很多人都没有耐心看完就签字了，这样如果发生纠纷的话，就很难用合同作为保护自己权利的有力证据。

在办卡之后，如果遇到个人资料被泄露，或是商家突然停业、倒闭的情况，我们要保留相关证据，及时向有关部门报案或投诉。

2020年下半年起，多地出台了类似预付卡冷静期的管理办法，即购卡后一定时间内允许消费者无理由退卡，也就是说，如果消费者事后清醒过来，觉得是上了商家的圈套，可以退卡避免损失。但与其事后后悔，不如事先想清楚，这张会员卡是不是你现在就需要的？它所承诺的各种优惠将来兑现时有没有难度？记住，三思而后行，理性、理性再理性。

小结

    1. 会员卡是商家常用的营销手段，对消费者来说却不是无风险的。因此，办会员卡要三思而后行。

    2. 大额消费或者办会员卡之前，要确认商家为正规企业，信誉良好。

    3. 会员卡的预付款有点类似经济学中的"沉没成本"，要尽可能大地发挥会员卡的功效。

思考与实践

    一般的商家都是希望顾客越多越好，为什么有的商家只招待会员顾客，且对会员收年费？请尝试找出这样的商家，并了解其商业模式。

2.4 在 App 刷视频、签到赚钱靠谱吗？

我们常常看到身边有人拿着手机在不同的 App 上刷视频、签到，也不时有"看视频赚钱 App"的广告会在网页上蹦出来。有人说自己每天这么刷视频，能挣出一杯奶茶钱。这么赚钱真的靠谱吗？

刷视频、签到为什么能赚钱？

相比电视时代、电脑时代，现在的手机时代，我们的"三上"时间（车上、厕上、枕上）几乎都交给了手机。有些人经常刷短视频、玩手机游戏到深更半夜，把流量贡献给了商家。

对大部分 App 来说，流量就是生命线。于是，有些视频或是小说类的 App，通过每天打卡签到、在线时长达到多少时间、分享推荐下载等给用户一定的现金奖励，积累到一定量之后，可以提现。

而移动互联网发展到今天，每天都在诞生大量的 App，要获得新的流量非常困难。有的 App 的"拉新"成本，也就是获取新用户的成本已经高达每个用户数十至数百元。刷视频就给钱、签到就给钱、拉人头就给钱，这都是 App 吸引用户、留住用户的手段，大多数时候，你刷一天视频不过收入几毛钱，而你如果刷到了广告，广告商可能会给 App 付几元钱。而且，你只要不停地刷视频、签到，App 平台总会在各种地方给你安排广告、直播或者其他的付费项目，总有一款适合你。

哪种方式赚钱更靠谱？

其实，移动互联网给个人提供了不少新的赚钱方式，比如微商、自媒体等等。以自媒体为例，如果每天坚持公众号写作，用自己的专业知识把一些别人关心的话题用比较通俗有趣的方式呈现出来，等积累了一定量的粉丝之后，就可以通过流量进行变现。这与坚持在 App 上刷视频、签到赚钱相比，哪个更靠谱些？大多数人应该同意是前者。自媒体创作大多数是一种知识劳动，是有一定门槛的，内容和粉丝流量都可以逐步积累到创作者这里，而后者无论是打卡的次数还是浏览的时间，又或是分享推荐了几个新的用户，没啥技术含量，对于 App 本身无非都是单个的流量而已，你只是作为一个应用的消费者为商家提供了数据。

写公众号，从零做起，要积累到一定的粉丝量，除了文章的数量外，更重要的是质量，粉丝的增长遇到瓶颈，后期变现就比较困难，因此这种路径在盈利上很难快起来，往往前期很长时间都没有盈利。反观打卡签到、分享拉新人的模式，每天可能都会有一些收入，或许不多，但靠着积累和坚持，可以积少成多。

如果把这两种盈利方式理想化一下，前者可能更像是指数增长（一旦粉丝积累到一定程度，传播影响力会指数增长，盈利也是亦然），而后者则更接近线性增长（基本没有爆发式增长的可能）。从短期来看，后者一开始就能赚到钱，但从长期来看，前者的前期积累迈过临界点，其后的赚钱速度将会是后者望尘莫及的，而后者是否能够长期稳定都是未知数。

或许从赚钱的角度，是长期投资还是短期投机，每个人都会基于不同的价值取向作出自己的选择。但从投资者个人的角度，像坚持写公众号那样，不断积累自身的确定性，追求可叠加式的进步，进而实现"指数起飞"的模式无疑是我们更为推崇的。

"免费才是最贵的"

很多人可能以为公众号的文章主要是靠打赏或是设置付费阅读之类的方式来赚钱，其实大量公众号真正的盈利来源于广告。这里我们就不得不提两位对于互联网发展至关重要的人物，雅虎的联合创始人杨致远和戴维·费罗（David Filo）。他们开创了互联网行业的游戏规则——开放、免费和盈利，而盈利的来源就是广告。这就是"用户免费，平台盈利"的逻辑。公众号的盈利之路也是如此，只不过在全民自媒体的浪潮中，竞争的激烈程度早已今非昔比。

互联网时代信息泛滥，而用户的时间和注意力是稀缺的。免费的内容越多、越好，就越能抓住用户的眼球，也就能拥有更大的流量、有更多的广告。而更多的广告又使得更多的"免费"成为可能。

明白了互联网时代"免费"背后的逻辑，我们就更能理解"免费才是最贵的"这句话。刷视频、刷新闻本质上是在出卖自己宝贵的时间资源，而签到打卡、分享链接、让朋友帮忙砍价或下载 App 其实是在一点点透支个人的人情和信用。我们在做这些动作之前，不仅要看到显性的利弊，更要深入评估那些看不见的隐形成本。

"羊毛出在猪身上"

另外，靠刷视频、分享拉人头来赚钱，很容易陷入不法 App 病毒式的营销套路和陷阱之中，往往钱没赚到，反而把自己的钱搭进去。有些刷单赚钱的 App 本来就是灰色产业链，甚至已经违法。与此同时，我们也很可能因此泄露个人信息，成为网络黑产的受害者。与换得的蝇头小利相比，这些损失真的是难以估量。

财富的马太效应

说到移动互联网的赚钱之道，就必须说明一下财富的马太效应。大家要明白，由于移动互联网传播速度极快，因此，一家独大、赢家通吃的现象更加明显。

马太效应（Matthew Effect）

一种强者愈强、弱者愈弱的现象，广泛应用于社会心理学、教育、金融以及科学领域。

所谓马太效应，出自圣经《新约·马太福音》的一则寓言：从前，一个国王要出门远行，临行前，交给 3 个仆人每人一锭银子，吩咐道："你们去做生意，等我回来时，再来见我。"国王回来时，第一个仆人说："主人，你交给我的 1 锭银子，我已赚了 10 锭。"于是，国王奖励他 10 座城邑。第二个仆人报告："主人，你给我的 1 锭银子，我已赚了 5 锭。"于是，国王奖励他 5 座城邑。第三仆人报告说："主人，你给我的 1 锭银子，我一直包在手帕里，怕丢失，一直没有拿出来。"于是，国王命令将第三个仆人的 1 锭银子赏给第一个仆人，并且说："凡是少的，就连他所有的，也要夺过来。凡是多的，还要给他，叫他多多益善。"

凡是少的，就连他所有的，也要夺过来！

富人

市场

穷人

贫富差距之马太效应

经济学用马太效应来形容这种两极分化——富者愈富、穷者愈穷的情况。

比如现在非常流行的直播卖货，在淘宝平台上，基本就只有两个头部主播，品牌愿意找他们，给他们最低的折扣，平台的资源也向他们倾斜，导致他们集聚了越来越多的流量。2020年"双十一"预售直播的累计观看人数居然有3亿，销售额接近70亿元，令人咋舌。

为了应对移动互联时代愈演愈烈的财富马太效应，现代社会设计了一系列法律规定，来防止贫富分化导致的社会灾难，比如各国普遍实行累进制的个人所得税，某些国家最高的个人所得税税率超过50%，也就是说，赚的收入中一半以上都要用来交税；对于互联网寡头企业，还有《反垄断法》，防止巨头企业垄断市场、阻碍其他企业发展的行为。

对我们普通人来说，要摆脱"弱者恒弱""穷人越穷"的状态，进入"正向循环""集聚效应"当中，前提是必须走在正确的道路上。如果你想在移动互联网领域发展，就需要积极探索、勇于试错、快速迭代。移动互联网给我们提供了许多机会，我们可以根据自己的兴趣和特长，在业余时间多做尝试，看懂赚钱背后的逻辑，找到那些有爆发式增长潜力的方向。

当然，通过移动互联网赚钱会有很多的弯路和陷阱，需要我们擦亮眼睛分辨，比如想靠在 App 里面刷视频、签到长期赚钱，可能就不太靠谱。

小结

1. 随着移动互联网的普及，出现了许多新的赚钱机会，但不一定都靠谱。

2. "免费可能是最贵的"，诸多"免费"的背后，是时间、人情、信用等高昂的隐性成本。

3. 互联网时代，"马太效应"更加明显。现代社会有一系列制度安排来防止财富分化导致的社会灾难。

思考与实践

"马太效应"在生活中有着广泛的实例，请结合自身经验，并查阅相关资料，谈谈你对于"马太效应"的理解？

2.5　要不要借钱消费?

中国人有量入为出的传统。相对消费而言,人们更重视储蓄。借钱消费,在一些上了年纪的人看来,完全没有必要。"没钱还花钱?等有钱了再说吧。"

可是对于生活在 21 世纪的年轻人来说,借钱消费太正常了,信用卡、花呗、白条……都可以为个人提供短期借款,而且手续极其简便。"可以用明天的钱圆今天的梦,为什么不呢?"

那么,我们到底要不要借钱消费呢?

借钱消费由来已久

借钱消费,或称信用消费,其实并不是什么新鲜事。比如村子或者镇上的杂货店,总有一些老主顾,或者他们一直在店里买东西,于是拥有了赊账的特权,先消费,到一定时候再统一结账。这其实就是一种信用消费。再如,以前的农民到了青黄不接的时候,总要去富户家借点粮食度日,甚至要借高利贷购买种子、农具,等到收获以后再一一偿还,这也是一种信用消费。

有个流行一时的故事:一位美国老太太,年轻的时候看中了一幢房子,于是她想办法凑齐了首付,就住了进去。30 年后,终于还清了贷款,她很高兴,房子终于完全属于她了;同时有一位中国老太太,也想买一幢房子,于是她一直攒钱,直到 30 年后,终于攒够了钱买下了房子,她也很高兴,因为她终于有了自己的房子。同样是完全拥有属于自己的房子,美国老太太一直在

信用消费

享受这个房子，而中国老太太少享受了 30 年。

可见，信用消费使用得当，可以让我们更快地达成自己的梦想。

但是不是所有人都可以借钱消费呢？并不是。

能借到钱的前提是有信用

如果你曾经借钱给某人，但他没有在约定的时间归还，下次你还会借钱给他吗？大多数人的答案应该是否定的，因为他不讲信用。

诚信是重要的传统美德。汉代司马迁就在《史记·季布栾布列传》中讲了"得黄金百斤，不如得季布一诺"的故事。"失信于人""言而无信"是严重的道德瑕疵。

随着经济和社会的发展，个人信用开始更多地侧重于经济方面的含义。尤其是到了明清时期，钱庄兴起，这种类似于近代银行的金融机构，以信用作为商业模式的基石。怎样判断来借钱的人信用如何？当时主要还是依靠相关各方根据自己搜集掌握的信息。如果突然来一个陌生的外乡人，通常钱庄是不会贸然借钱给他的。

　　进入 21 世纪后，互联网技术的飞速发展使得建立广泛的个人征信系统成为可能。2006 年，央行正式在全国联网运行征信中心。从此以后，**个人征信**成为金融机构进行征信调查的主要信用评判依据。由央行出具的个人征信报告包含了个人基本信息、信贷情况、公共数据及个人信用报告查询记录。其中的不良信息会被红字或红框标出，比如最近 5 年内的贷款、贷记卡逾期记录，以及准贷记卡透支超过 60 天的记录，等等。如果你要贷款买房，就得去央行的征信中心打印自己的个人征信报告，银行会将它作为是否给你发放贷款的重要依据。

　　如果一个人在银行没有信贷业务，甚至不使用信用卡，如何判断其信用的好坏呢？进入移动互联网时代后，各大互联网金融巨头开始大力发展大数据征信，将消费者在不同场景的零碎数据进行实时收集、整理、分析，形成了巨大的动态个人征信数据库，成为央行个人征信系统的有效补充。

我们以花呗为例来看一下大数据的征信模式。

每个人的花呗额度是不一样的，它是根据支付宝使用情况和还款记录综合评估的，我们可以通过多使用支付宝来提升自己的综合评分，从而增加芝麻信用分值。目前的芝麻信用分值一共划分为五个等级，依次是信用极好、优秀、良好、中等和较差，后面两个等级的人群均存在一定程度的信用不良行为。

随着支付宝的普及，芝麻信用在很大程度上可以反映一个人的征信，因此芝麻信用等级高的人群可以免押金享受许多平台的服务。另外，其他一些贷款平台包括多家银行也已接入芝麻信用。甚至有些国家的签证也可以给芝麻信用分数高的人直接办理，不需要提交各种资产证明、在职证明等材料。

我们已经进入一个"有信用走遍天下，无信用寸步难行"的时代。我们要像拥有法律意识一样拥有信用意识。

借钱消费要考虑自己的还款能力

今天，通过信用消费能买到的东西，大到飞机、游轮、房子、汽车，小到衣服、图书、玩具、食品。不管你能借到多少钱，首先要考虑自己有没有足够的还款能力，以免因为还款不及时登上失信黑名单。

个人还款能力（Loan Repayment Capacity）

个人还款能力通常指个人未来可预期的现金流，一般不包括固定资产和某些流动资金，比如回收时间不确定、金额不确定或回收时需要支付大量成本费用的流动资产、长时间的存款一般都不计入还款能力。

我们自己要掂量还款能力，发放信贷的机构同样会考察你的还款能力，根据你的还款能力来制定不同等级的信贷额度。以花呗为例，其额度从 500 ～ 50000 元不等。初开通时，一般额度不会很高，但是随着你信用的累积，花呗的额度就会上升。

因此，在使用信用消费前，我们要根据自己的还款能力做一个适当的预算估计。接下来到下次还款日之前，我的流动资金有多少，能有多少收入，可以有这个还款能力吗？如果不行，是否要使用分期还款？分期还款，分几期最合适？

我们用花呗举个例子：

小明买了一部手机，共消费9000元，考虑到还款压力，选择了花呗分期6期（6个月还清），分期费率为4.5%。那么他共需还手续费405元（9000元×4.5%），每期应还手续费67.5元（405元÷6期），所以每期需还款1567.5元（1500元＋67.5元），还款总额为9405元（9000元＋405元）。

需要注意的是，半年分期费率4.5%，折算成年分期费率就是9%，而且，就算你每期都还了1567.5元，利息每期都还是按照9000元计算，综合折算下来，实际年化利率高达16%。

所以，小明使用花呗分期还款，虽然每月仅需还款1567.6元，月供压力小，在自己的可承受范围之内，但还是要认真考虑，这部手机是不是自己的生活和工作所必需的。

另外，需要提醒的是，高利贷是万万不能碰的。因为高利贷通常看上去门槛很低，对借款人没有要求，但要知道，高利贷的资金价格都是指1元钱一个月的月息，比如，如果说高利贷是6分利息，就相当于年利率是72%，1角则相当于年利率是120%，这远远高出银行贷款利率。那么，在这种利率下，高利贷利息怎么算呢？通常，计算方法是利滚利，即复利法。复利计算利息，公式为：

$$F = P \times (1 + i)^N$$

F：复利终值

P：本金

i：利率

N：期数

知道了以上公式，我们以前面那个例子来看看，如果小明借的是高利贷，约定利息是 6 分，也就是月利率为 6%。

$$半年本利和 = 9000 \times (1 + 6\%)^6 \approx 12767 元$$

这比他通过花呗借款要多出 3362 元。如果借款期更长的话，这个金额会更大，这就解释了为什么很多人因为借高利贷而倾家荡产。

最后，回到前面的问题，要不要借钱消费？还是要重复那句话：三思而后行，理性、理性、再理性。

小结

1. 个人征信对我们至关重要，要像拥有法律意识一样拥有信用意识。

2. 一定要根据自己的实际需要和还款能力进行信用消费。

3. 千万不能为满足自己的好奇心或虚荣心去借高利贷。

思考与实践

你用过信用卡和花呗吗？请结合自己的经验，查阅相关资料，尝试找出它们的异同点。

2.6　网上支付安全吗？

如今人们大多习惯了出门带上手机。不管是乘车还是买东西，需要付钱时，只要有网络，手机一扫，就可以完成收付款，不用找零，快速便捷，也不容易出错。除了手机支付，人们还可以选择刷卡、刷脸、刷指纹等多种支付方式，这些都是网上支付。可以说，中国是目前最广泛使用网上支付的国家。

了解网上支付

网上支付是电子支付的一种形式，通过第三方提供的与银行之间的支付接口进行即时支付，可以直接把资金从用户的银行卡中转账到网络账户中，汇款马上到账，不需要人工确认。以最常用的支付宝和微信为例，人们通常会将它们与一张或多张银行卡绑定，二维码只是一个支付接口，当你扫码时，资金其实是从你的银行卡中支出的。网上支付可以通过信用卡、手机钱包、电子支票和电子现金等多种电子支付方式进行。

与网上支付对应的是传统支付方式，如通过现金的流转、票据的转让及银行的汇兑等物理实体流转来完成款项支付。对个人而言，主要是现金支付。网上支付已经让现金的使用场景大大减少了，很多人可能一年都用不上几次现金。

跟现金交易相比，网上支付有不少优点：首先，可以追溯。你扫码付款给某个商家，如果数字不小心输错了，你只要还能找到交易记录，就有可能把钱要回来。如果是现金交易的话，钞票不记名，离开柜台就钱货两讫，出了错只能自认倒霉。其次，没有假币。现金交易的买卖双方都要担心假币问题，大家拿到大额钞票往往要对着光照来照去，唯恐拿到假钞。再次，无需找零。使用现金支付，经常需要找零，如果不使用收银机的话，还需要靠心算，费神费时。

当然，网上支付也需要具备一定的条件：第一，要基于一个开放的网络平台（互联网）；第二，要有接入网络的硬件（如手机终端）、软件（如 App）和配套设施（如扫码枪）；第三，要有强大的技术支持，由于网络支付工具和支付过程具有无形化、电子化的特点，因此对网络支付工具的安全管理不能依靠普通的防伪技术，而需要通过用户密码、软硬件加密和解密系统以及防火墙等提供安全保护功能。

随着手机和网络的大规模普及，短短几年时间，中国人就大规模告别了现金，网上支付走到了世界的前列。

网上支付有没有风险？

由于网上支付需要通过第三方提供接口，所以近些年来涌现出很多第三方平台，比如支付宝、财付通、拉卡拉等。以我们常见的支付宝为例，它解决了互不见面的买卖双方的信任问题。买家在淘宝购买商品，使用支付宝进行货款支付，支付宝会通知卖家货款到账、要求发货；买方收到货物，并且确认无误后，支付宝才付款给卖家（或收到货物一个月之后支付宝自动付款）。由于有了买卖双方共同信任的第三方平台，中国的在线交易才蓬勃发展起来。

那么，网上支付的第三方平台，有没有什么风险呢？有。我们可以将风险分为两种：系统风险和客户风险。

网上支付有风险

所谓**系统风险**，主要有实体安全风险以及技术安全风险两个方面。**实体安全风险**是指网上支付平台本身出现问题。比如，如果网上支付平台的监管措施不完善，就有可能发生非法挪用和侵占资金的不良后果；如果发生严重火灾，相关设备系统和数据会受到损害，很多核心数据将受到致命威胁。**技术安全风险**主要是数据信息、操作系统、网络安全以及网站安全等方面存在的风险。比如，黑客会利用网络自身所具有的开放性和网站设计的漏洞，对某网站发动攻击，严重的话可能出现瘫痪，也有可能被盗取核心的数据和机密，这样就会对平台系统的安全性造成严重威胁。

所谓**客户风险**，主要是由于外部攻击或者内外勾结，将用户资料信息泄露给其他人，从而导致用户的隐私和资金受损。我们的每一次购物，支付平台都记录下了交易细节，相关的银行也记录了相关支付的信息。海量的用户数据可以帮助企业研发更多适合用户需求的产品，促进网络技术的继续快速发展。但如果数据被泄露，后果是极其严重的。

网上支付安全是非常专业的问题，需要专业有力的监管。2016 年 7 月 1 日，央行发布的《非银行支付机构网络支付业务管理办法》正式施行，该文件为规范非银行支付机构网络支付业务、防范风险、保护使用者合法权益制定了详细的管理办法，其目标就是确保我们能享受到既便捷又安全的金融服务。

各网络支付平台也都在大力开发网络支付安全工具，比如数字证书、短信验证码、动态口令等等，网络支付安全工具相当于给你的账户或者资金上了一道道锁。

养成良好的网上支付习惯

网上支付安全需要监管部门加大监管力度，需要支付平台进一步加强技术建设，也需要执法部门严厉打击网络欺诈、盗用他人信息和侵占他人资金等违法行为。而对我们个人来说，要防范网上支付风险、避免自己的财物损失，应该注意些什么呢？

1. 密码问题

不要将微信、支付宝、银行卡都采用同样的密码，这样的话，只要你的密码被破译，那所有的账户都处于风险之中；不要设置简单易破解的密码，尽量使用数字和英文大小写字母的结合；尽量不要选择"免密支付"，否则别人拾到你的手机，就很容易盗用你的账户；等等。

2. 钓鱼网站和 WiFi

出门的时候，有人担心流量不够用，就会想办法蹭网，这就带来了信息被窃取的风险。如果碰上钓鱼 WiFi，你的手机连接上去，会被对方反扫描，记下用户名密码等数据，窃取你的账号信息。另外，登录网站时，一定要看清是否为正规网站，避免在假的网站上购物。

3. 输入问题

在外输入支付密码时，要确认四周环境安全方可输入；输入金额时要小心仔细，曾经有人买个早餐付了 1 万元，就因为不小心多输了三个零。有人扫码付款不看金额，手机一挥扫完就走，多付少付也不知道。要定期检查自己的支付清单，看是否有异常。

4. 网络诈骗

在中国银联 2020 年举行的一次针对网上支付的调查中，有

8% 的受访者遭遇过网络诈骗，其中"00 后"遭受损失的比例最高，达到了 19%。不法分子针对"00 后"翻新诈骗手法，加上"00 后"防范意识不足，容易上当受骗。所以，我们不要轻信手机接收到的中奖、贷款等信息，不要相信任何套取账号、密码的行为，也不要轻易向他人透露证件号码、账号、密码等。

5. 养成良好的网络使用习惯

不要轻易点击各种广告、二维码，很可能导致账户信息泄露；定期对自己的手机和电脑进行杀毒，使用公共场所的电脑后，要及时清理浏览记录和足迹，防止被有心人利用；更换手机时将 App 中的银行卡及时解绑，防止手机里的银行卡信息泄露。

养成良好的支付习惯

总之，网上支付事实上已经成为我们主流的支付方式，相信随着各方的努力，网上支付的安全性会越来越高。

小结

1. 现金的应用场景越来越少，网上支付是大势所趋。

2. 网上支付有其特殊的安全性问题，需要专业有力的监管，也有赖于支付平台技术的进一步发展。

3. 我们个人要养成良好的网上支付习惯，降低资金损失的风险。

思考与实践

网上支付便利了我们的生活，但也给某些人群的生活造成了困扰，比如没有智能手机的人。你如何看待这个问题，有什么解决方法吗？

2.7 买房买车为什么可以向银行贷款？

买房买车，我们都知道可以向银行贷款。尤其是买房，大部分人都没法一次付清全款。那你想过吗，银行为什么愿意贷款给你买房买车？

凭什么向银行申请贷款？

房产和汽车是个人的固定资产，为了购房购车而向银行申请的贷款实质是一种固定资产抵押贷款。你向银行申请房贷车贷，就需要把准备购买的房产、汽车等作为抵押，一旦出现还不了贷款的情况，这些房产与汽车就作为抵押补偿给银行，由银行在市场上将其出售，以减少贷款的损失。贷款成功后，你需要按时分期向银行还本付息，本息还清之后，房产和汽车的抵押才告结束。抵押权存续期间，房产和汽车的买卖是受到一定限制的。

当然，我们也可以把自己已经拥有的房产向银行申请抵押贷款。比如突发情况急需一笔钱，就可以抵押房产向银行申请贷款。在签订抵押贷款合同的时候，银行会严格审查这些固定资产是否可以被抵押，比如这套房产是不是你名下的房子，有没有其他共有产权人且这些人是否也愿意抵押房产，房子是否处于可以抵押的状态、是不是还有购房贷款需要偿还等情况。

就算银行已经认可了你的固定资产可以抵押，能不能拿到贷款还不一定，因为银行还要考察你的无形资产——个人信用。

以申请购房贷款为例，除了要提交本人的有效身份证、户口簿、个人收入证明等之外，还要提交个人征信报告（参见本书2.5）。如果借款人有过逾期还款记录和其他违约情况，银行就会对这笔贷款谨慎对待。银行很有可能要求借款人提供抵押物，或者降低贷款额度，提高贷款利率，或者直接拒绝办理。因此，在日常生活中，不论是贷款买房，还是借钱做别的投资，我们都需要确保自己有还款能力，把风险控制好。不要轻易损害个人信用，以免给自己带来不必要的麻烦。

应该怎样申请贷款？

我们继续以买房为例来说明申请贷款的流程。在提供了上文所说的证件，交完房子的首付之后，我们就可以进入申请银行贷款的环节。申请贷款必须与银行签订贷款合同。

贷款人（甲方）＿＿＿＿＿＿＿

借款人（乙方）＿＿＿＿＿＿＿

甲方与乙方根据有关法律、法规，在平等、自愿的基础上，为明确责任，恪守信用，签订本合同。

第一章　贷款金额、期限及利率

第一条　甲方根据乙方的申请，经审查同意向乙方发放住房贷款（以下称贷款），金额为人民币＿＿＿＿＿＿（大写）＿＿＿＿＿＿（小写）。

第二条　贷款用于乙方购买坐落于＿＿＿市（县）＿＿＿区（镇）路（街）＿＿＿号＿＿＿房间的现（期）房物业，建筑面积＿＿＿平方米。乙方不得以任何理由将贷款挪作他用。

第三条　贷款期限为＿＿＿年＿＿＿月。自＿＿＿年＿＿＿月＿＿＿日起至＿＿＿年＿＿＿月＿＿＿日止。

第四条　贷款利率根据国家有关规定执行，利息从放款之日起计算。

第二章　贷款的发放

第五条　贷款发放的条件：1. 本合同已经生效。2. 相应的抵押合同已经生效。3. 借款人已经提交了购房所需要的证明文件且保证文件内容的真实有效。

第六条　贷款发放后，借款人与售房者就该房产有关质量、条件、权属等其他事宜发生的任何纠纷，均与贷款人无关，借款合同应正常履行。

第三章　贷款的归还

第七条　甲乙双方商定，自＿＿＿＿＿起乙方用下列方式归还贷款本息：＿＿＿＿。

第八条　乙方按月归还贷款本息的，应自借款之日起于每月＿＿＿日归还，每期金额＿＿＿元，共＿＿＿期；乙方按季归还贷款本息的，应自借款之日起于每季度第＿＿＿个月的＿＿＿日归还，每期金额＿＿＿元，共＿＿＿期。乙方按＿＿＿归还贷款本息的，应自借款之日起于＿＿＿归还，每期金额＿＿＿元，共＿＿＿期。

购房贷款合同样章节选

房贷合同最重要的就是贷款金额、还款期限、房贷利率等信息。这些应该是在买房之前就反复考虑清楚的细节。所以合法的贷款合同都必须明确注明上述关键信息。

合同条款第二章"贷款的发放"明确规定，贷款人必须满足相应的条件，银行才会放款。比如签订抵押担保合同、提交个人征信报告和收入证明等。

需要指出的是，一定要按照房贷合同规定的贷款归还期限与每一期还款的数额按时足额还款。如果不足额还贷便是违约，可能遭到罚息的处理。如果想提前还款，也需要看合同的具体规定，可能需要额外支付给银行相应的费用。

选择合适的还款方式

在贷款合同中，"贷款的归还"条款会让你选择是用等额本金还是等额本息的方式来还款方式。

等额本金与等额本息还款
(Repayment of Equal Principal & Equal Principal and Interest)

等额本金还款，即贷款人将本金分摊到每个月内，同时付清上一交易日至本次还款日之间的利息。

等额本息还款，也称定期付息，即借款人每月按相等的金额偿还贷款本息，其中每月贷款利息按月初剩余贷款本金计算并逐月结清，然后把按揭贷款的本金总额与利息总额相加，平均分摊到还款期限的每个月中。

如果贷款 100 万元买房，利率为 4.5%，计划 20 年还清，两者还款上有什么区别呢？

如果用等额本金法，每月还款额按照以下公式计算：

$$每月还款额 = \frac{贷款金额}{还款月数} + （贷款金额 - 累计已归还本金总额）\times 月利率$$

$$每月还款本金 = \frac{贷款金额}{还款月数}$$

$$每月还款利息 = （贷款金额 - 累计已归还本金总额）\times 月利率$$

其中，第一个月需还款 9625 元，最后一个月仅还款 4189 元。

而如果用等额本息法，则按照以下公式计算每月还款额：

$$每月还款额 = 贷款金额 \times \frac{月利率 \times （1 + 月利率）^{还款月数}}{（1 + 月利率）^{还款月数} - 1}$$

$$每月还款利息 = 剩余本金 \times 月利率$$

$$每月还款本金 = 每月还款额 - 每月还款利息$$

下图直观地显示了两种还款方法的差异。

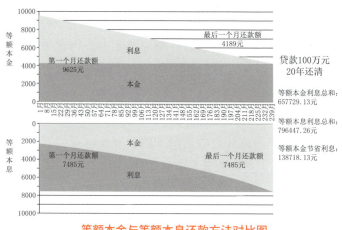

等额本金与等额本息还款方法对比图

107

从中，我们可以归纳出两者之间的不同：

1. 月供不同

等额本金每月还款额会递减，前期还款本金占比较大；等额本息每月偿还固定金额，前期还款利息占比较大。

2. 利息不同

等额本金采用的是简单利率方法计算利息，只对剩余本金计息；等额本息采用的是复利计算方法计息，未付的利息也要计息，因此等额本息还款利息要高于等额本金。

3. 适宜人群不同

等额本金适宜年龄较大的人选择，因为前期还款压力大，但随着年龄增大还款压力会逐渐减少；等额本息适宜年轻人选择，因为每期偿还固定金额有利于减少还款压力。

4. 还款压力不同

等额本金最终支付的利息较少，因此从整体还款压力来说是低于等额本息的；等额本息每月偿还相同的金额，但总利息要高于等额本金，因此整体的还款压力是比较大的。

5. 划算程度不同

等额本金前期还的本金多、利息支出少，因此适合提前还款；等额本息则是在前期手中可以持有更多资产用于投资，只要投资的收益率高于贷款利率，那么就是值得的。

6. 最高可贷款额不同

月还款额不能超过月收入的 50%，等额本金的月还款额按首月计算，最高可贷款额低于等额本息。

到底选择哪一种方法还款，请根据实际情况来作决定吧！

小结

1. 房产和汽车是个人的固定资产，为了购房购车而向银行申请的贷款实质是一种固定资产抵押贷款。

2. 一定要重视自己的信用记录，良好的信用记录是获得银行贷款的必要条件。

3. 重视贷款合同的填写，必须按照合同约定按时足额还贷，否则会影响个人记录，也会导致罚息，甚至更严重的后果。

4. 可以根据自己的实际情况选择合适的还款方法。

思考与实践

了解自己或亲戚家购房的贷款情况，将贷款年数、利率、贷款金额、每月还款额、每月还款金额占家庭收入的比重等信息制成一张表格。同时了解一下你们家还贷采用的是等额本息还是等额本金，家人当时为什么采用了这种还款方式？

2.8　有人找你借钱该怎么办?

　　小李最近比较烦,因为他接到了高中同学小张的电话,小张为了改善住房条件,看中了一套离自己单位比较近的房子,价格在人民币 300 万元左右,首付还差一点,希望小李能借给他 10 万元。借还是不借? 小李非常纠结。

　　不借吧,怕伤了同学感情,毕竟小张第一次向自己开口;借吧,小张收入不高,首付都凑不齐,接下来 20 年还要还房贷,这 10 万元不知道猴年马月才能还上。

　　如果你是小李,你会怎么办?

你有没有能力借钱给别人?

　　首先,我们要评估自己的能力。作为出借一方,要如实评估自己以及家庭的收支情况,有无余款,近期或远期有无较大的支出项目，做到心中有数。如果自己经济不是很富裕，没有较多的余钱，就应该如实告知对方，婉拒借款，切不可"打肿脸充胖子"。

小李仔细分析了自己的财务状况。自己未来几年没有大的消费开支，在银行有一部分定期存款、一部分买了基金，一部分投入了股市，所以，自己完全有能力拿出 10 万元来支援小张买房，取出这些钱会损失一些收益，但问题不大。而且，就算小张这些钱一时半会儿还不上，也不影响自己的生活。

评估借款人的信用

接下来，我们要了解清楚借款人的人品、信用状况和资金用途等问题，正确评估借款人的偿还能力。

如果碰到那种不懂感恩、好吃懒做、有严重不良信用记录，或者有吸毒、赌博等不良嗜好的人，一定要慎之又慎，不能轻易借钱给他们。

另外，一定要搞清楚钱款去向，如果是炒股这种较大风险的投资，或者不太靠谱的创业等等，都要极为谨慎，如果对方赔得血本无归，拿什么还钱呢？需要提醒的是，如果明知对方会将借款用于诈骗、贩毒、吸毒、赌博等非法活动，仍予以出借的，国家法律不予保护，债权人不仅不能主张债权，还会受到民事、行政乃至刑事法律的制裁。

小李认识小张十多年了，小张为人不错，他父母也都是正派人，借钱确实是要买房子，而且得到了父母的支持。另外，小张没有其他债务纠纷，也没有赌博、吸毒等不良嗜好，工作和收入都比较稳定。小张所在城市的房价也一直在上涨，早点买好心安。

记得留下借款凭证

综合考虑之后，小李决定帮小张这个忙。两人同意，为了避免以后的纠纷，小张写张借条，把借钱的金额、利率、还款时间等约定好。

借   条

今因购房需要，向李某某（身份证号：＿＿＿＿＿＿＿＿）借入人民币 10 万元整（大写：壹拾万元整），所有款项通过建行转账已收到。双方约定年利率为 5%，全部本息到期一次性偿还，偿还日期为 2023 年 9 月 12 日，共计应偿还人民币 11.5 万元整（大写：壹拾壹万伍仟元整）。

借款人：张某某（签名）

身份证号：＿＿＿＿＿＿＿＿

日期：2020 年 9 月 12 日

写借条的时候，一般应详细载明双方的姓名、借款金额、期限、利息等基本条款。特别要注意以下几个细节：

1. 姓名后要写上身份证号

由于中国人重名的较多，写上身份证号可以确定债务人，最好摁下手印。如果借款给家庭共同使用的，署上夫妻双方和家庭成员的姓名及钱款用途。

2. 借款金额，大小写均应清楚明确

如果只写小写 10 万元，容易添加数字和标点符号，易产生借款歧义，所以必须用大写注明借款金额。

3. 应注明借款期限

小张这张借条是 3 年期限。

4. 借款利息可以参照银行同期利息，也可自己约定，但不能过高

2021 年 1 月 1 日起实施的《最高人民法院关于审理民间借贷案件适用法律若干问题的规定》第二十九条规定："出借人与借款人既约定了逾期利率，又约定了违约金或者其他费用，出借人可以选择主张逾期利息、违约金或者其他费用，也可以一并主张，但是总计超过合同成立时一年期贷款市场报价利率四倍的部分，人民法院不予支持。"其中的一年期贷款市场报价利率由中国人民银行授权全国银行间同业拆借中心每月 20 日发布。如果双方没有约定利息，则出借方不能事后再要求补偿利息。

现实生活中，如果没有借条，一旦债务人否认，债权人就很难保障自己的债权。即使诉至法院，也会因无法举证而难以胜诉。因此，债权人要妥善保存好借条和银行转账记录。如果用微信等通信工具完成借贷的，也务必用截屏的方式保留好信息和转账记录。

发生纠纷怎么办？

如果债务人赖账的话，债权人可以通过协商、调解、仲裁和诉讼等方式依法处理借贷纠纷。按照我国法律的规定，约定还款期限的借条，诉讼时效从还款期限届满的次日起计算满3年；没有约定明确还款期限的借条，借款人可以随时返还，出借人可以催告借款人在合理期限内返还。为了防止超过诉讼时效，债权人应在时效届满前，向债务人要求归还，或者向人民法院起诉。只要债权人不断主张权利，就能不断增加时效。

在上面的例子中，万一小张到期不还钱了，小李的诉讼时效是到2026年9月12日，只要在这个日期之前，小李催促小张还钱（保留催告记录），或者诉至法院等，诉讼时效便可从催告之日起重新计算。

警惕庞氏骗局

我们平时钱物往来，多是小张、小李这样熟人间的周转，谁都有个急用钱的时候，因此，防范了上文所说的风险点之余，互相救救急未必不是一件美事。但如果是借钱给陌生人，或者是参与非法传销的朋友，那风险就不可同日而语了。

非法传销是一种典型的庞氏骗局，一向被政策法规严厉打击。

庞氏骗局是一种"金字塔骗局"，需要越来越多的人源源不断地加入进来，这个游戏才能一直玩下去。但是，新的投资者总有枯竭的时候，而且，总有警醒的人会提前退出。庞氏骗局的始作俑者非常清楚这一点，所以他们往往会瞅准机会，在金字塔轰然倒塌之前，悄悄地拿着诈骗来的巨额财产，突然就"失联"了。就算有些人最后投案自首，投资者的钱也很难追回来。

庞氏骗局（Ponzi Scheme）

又称"拆东墙补西墙"或"空手套白狼"。该词源于一个叫查尔斯·庞兹的意大利裔投机商。庞兹 1903 年移民到美国，1919 年推出了一个子虚乌有的企业投资项目，许诺投资者在三个月内得到 40% 的利润回报。初期的"投资者"确实获得了这个收益，于是，人们大量跟进。庞兹不断地把新投资者的钱作为快速盈利付给老投资者，诱使更多的人投入。在一年左右的时间里，差不多有 4 万名波士顿市民加入庞兹的投资计划，总共募集了大约 1500 万美元。1920 年 8 月，一些投资者慢慢清醒过来，于是，庞兹的把戏玩不下去了，他很快就破产了。事后人们才发现，庞兹所谓的投资，根本就不存在，大部分的钱都被他挥霍掉了。后来人们就把这种利用新投资人的钱来向老投资者支付利息和短期回报，以制造赚钱的假象进而骗取更多投资的手法称作"庞氏骗局"。非法传销、"老鼠会"和变味的 P2P，都属于庞氏骗局。

所以，如果有人用高额的回报引诱你参与某种借贷或投资活动，一定要高度警惕。正所谓"你看中的是别人的利息，别人看

中的是你的本金"。尤其是现在的很多庞氏骗局，已经从简单的
"高额收益"、保健品传销，变成了有实体产业支持，或有上市公
司名号支撑，有房地产、电影、艺术品投资等的复杂链条，更加
难以识别。

当然，还有一种情况，不少人其实一开始就明白这种把戏，
但他们觉得只要自己不是最后一批进场，不妨火中取栗玩一把，
在游戏结束之前获利离场就可以了。然而，这个度是很难把握
的，骗子们往往会在撤退之前制造虚假繁荣，搞得花团锦簇，在
大家毫无防备的情况下突然玩失踪。所以，你很难判断什么时候
应该收手。

总而言之，如果是把钱借给陌生人或者借贷平台，一定要格
外谨慎，不要上当受骗，也不要成为骗子的帮凶。发现庞氏骗
局，应该及时报警。

小结

    1. 如果熟人问你借钱，你需要首先评估自己的经济状况，再评估对方的信用，搞清楚钱款的用途是否合理正当。决定借钱之后，记得留下借款凭证，建立良好的借款、还款记录。

    2. 如果是把钱借给陌生人或者参与传销形式的交易，一定要格外谨慎，谨防庞氏骗局。

思考与实践

    你周围的亲朋好友是否有借钱给别人一直不还的情况，或是参与传销活动等遭受损失的？你觉得哪些情况下不能借钱给别人？

2.9 "说走就走"的旅行好不好?

有很多人向往说走就走的旅行,羡慕其中暗藏的那份潇洒。可是,说走就走的旅行,真的好吗?

"说走就走"的代价

有位明星曾说,自己觉得无聊的时候就坐飞机去伦敦喂鸽子。当然,如果他还是无聊,就可以再飞去巴黎。在这种说走就走的旅行背后,其实是财富和时间的双重自由,缺一不可。

如果还没有达到财富自由和时间自由,就想来一次说走就走的旅行,那很可能遭遇各种问题:比如享受不到机票、酒店、门票提前预订的折扣，花了不少冤枉钱；比如因为没做好路线规划，走了不少冤枉路，还错过了一些重要的景点；比如因为突然旅行错过了工作或学习中的一次重要机会，接下来要花大量时间和精力去弥补……因此，说走就走的旅行是有代价的，有时代价还不小。在潇洒走一回之前，先问一问自己，愿不愿意付出这样的代价？能不能承受这样的代价？

学会提前规划旅行

旅行规划的第一步是确定预算。旅行是生活的一部分，为了旅行砸锅卖铁，倾囊而出，虽然可能留下了不错的旅行记忆，但旅行之后就天天"吃土"吗？

对于还没有实现财富自由的人来说，要不时提醒自己：合理规划、理性消费。在收入和积蓄有限的情况下，准备拿多少钱出来用于这次旅行？如果暂时囊中羞涩，可以推迟旅行计划，当然也可以通过刷信用卡等办法，借用明天的钱先旅行，我们在"要不要借钱消费？"一节中已经说过，前提是你有足够的还款能力。如果盘算下来，可以按计划去旅行，还要根据自己手中的钱确定是来一次参团游、半自助游还是自助游。通常，参团的价格会相对便宜，只要你可以接受团队的旅游路线和时间安排；半自助游可以享受较优惠的机票和酒店价格，行程多由自己安排；自助游就完全丰俭由人了，可以选坐飞机经济舱或普通列车、住经济型酒店甚至青年旅舍的穷游，也可以选坐飞机商务舱或高铁、住星级酒店、吃大餐的奢侈游。到底选择哪一样，就看你的预算有多少了。有句老话叫"穷家富路"，其实是告诉我们预算要适度宽松，旅行中可能有难以预料的事情发生，在预算中一定要留一笔备用金以备不时之需。确定了大概的预算之后，就可以动脑筋想想怎样把钱花在刀刃上，花同样的钱享受更多。错峰出行，尽早预订酒店、机票、景区门票都是节约预算的好方法。

有了预算，就可以规划旅行路线、了解目的地天气情况、准备合适的衣物和旅行装备了……如果想去黄山看日出，结果去的时候是当地的雨季；如果想去故宫却不知道要提前预约，就算到了门口也进不去，岂不是会留下很多遗憾？做好旅行的提前规划，从小处说，是为了保障我们自己出行的安全、顺畅；从大处说，是为了减轻自然生态损耗，更有效地利用旅游资源，因为任何一个旅游景区的基础设施设备、接待条件、服务水平，以及环境的承载能力等都是有限的。

旅行保险怎么买？

俗话说得好，"在家千日好，出门一时难""行船跑马三分险"，就算我们再严密规划，旅行中还是可能发生意外。尤其是我们去到异国他乡旅行，语言不通，人生地不熟，如果生病或是遭遇航班延误甚至车祸这样的事情，可能会给我们造成很大的困扰和损失。这时候，购买旅行保险就显得非常有必要了。

旅行保险一般包括以下保障责任：

（1）人身意外：由于意外造成被保险人死亡或永久性伤残而给予一笔预先约定的金额。

（2）医疗费用：在旅途中因意外而引致的医疗费用开支。医疗救助有很多种，在购买保险的时候要搞清楚，比如只保障因意外造成的医疗开支，还是也包括因疾病而带来的医疗支出。如果去医疗条件有限的地区旅行，还要考虑是否需要购买"国际医疗支援"服务，包括紧急医疗运送或送返原居地等。

（3）个人财物：旅途中财物因意外损毁或被盗窃所带来的经济损失。

（4）个人法律责任：在旅途中被保险人因疏忽而导致第三者人身伤亡或财物损失而被追讨索偿。

（5）旅程延误或取消：被保险人因严重疾病或意外不能成行，或被保险人搭乘的交通工具因天气恶劣、机械故障、罢工或被劫持等原因导致延误。

（6）缩短旅程：若被保险人或家属因遭遇意外、重病或死亡，需要提早结束旅程时，被保险人可索偿已支付或是不能享用的费用。

从旅行保险的上述分类可以看出，旅途中会碰到的各种意外几乎都有相应的险种。近些年，随着经济的发展，人们的保险意识也日渐提高，越来越多的人选择购买旅行保险，省却出发时的后顾之忧。

那购买旅行保险时要注意些什么呢？根据保险行业理赔的经验，以下几方面需要特别留心：

（1）在购买旅游保险时，一定要如实填写投保单，避免因为信息填错被保险公司在出险时拒赔。

（2）一定要看清楚保险的各项条款，缴纳保险费前保证保险合同完整合理，一定要做到对免责范围、保险的各类事项以及理赔的条例条款充分了解，最大程度避免不必要的麻烦。例如，旅游过程中经常涉及的赛车、赛马、攀岩、探险性漂流、潜水等一些危险项目通常会列入旅行保单除外责任条款，不受保障。

（3）应该随身携带保险卡或保险票，出现事故后应当及时报案。

（4）慎重地填写受益人。保险关系中有三方，投保人、被保险人和受益人。通俗来说，**投保人**是负责交钱的人，**被保险人**是受保障的人，**受益人**是赔偿金的享有人。如果你买的是延误险，那投保人、被保险人和受益人可以都是你自己。如果你买的是人身意外险，万一发生被保险人死亡的情况，受益人有权获得保险金，所以要清楚了解概念，避免因概念混淆造成后患。

（5）旅行保险的投保期限应与出行时间相匹配。如果行程发生临时变更，要及时调整所选保险的保障期限；如果出现航班延误、旅程取消等情况，应该向机场或航空公司索取航班更改的书面证明以及其他相关资料，便于日后向保险公司进行索赔。

（6）要通过正规的渠道购买旅游保险。特别是在网上购买保险时，一定要仔细确认验证，谨防上当受骗。

另外，购买旅行保险之前，应该对相关的险种多一些了解，比如，针对境外旅行的医疗险，如果你去的是美国、新加坡、日本等医疗费较高的国家旅行，医疗险的保额最好不要低于 20 万元；而去泰国、马来西亚等国家旅行，如果行程较短，医疗险的保额在 10 万元左右即可。

不打无准备之仗

不光是旅行，做其他事情也需要事先做好规划。古人早就了解到规划的重要性，《礼记·中庸》就明确指出："凡事预则立，不预则废。"而且，事前的搜集信息、分析预测越准确，规划做得越细致，就越能指导我们的实践。

任何工作或具体事务，只有首先考虑成熟，确立好目标和原则，制定一个可行的计划，对于可能出现的问题做好防范措施，对于意外突变能够有一个既定预案，就不会在遇到危急时束手无策，实施起来才会得心应手。如果心中无数，凭一时的热情或想当然的想法随意而为，失误的概率自然要高得多。

小结

1. 对大多数人来说，比起"说走就走"，还是有计划、有准备的旅行更靠谱。

2. 旅行保险可以涵盖旅途中会碰到的种种意外，省却出发时的后顾之忧。

3. "凡事预则立，不预则废"，我们要养成做规划和计划的习惯，不打无准备之仗。

思考与实践

请为你的下一次旅行做个规划，建议将旅行保险也规划在内。

2.10　出国该怎么换外汇？

　　在全球互联的今天，人们常常用"地球村"来形容我们身处的世界。日益发达的交通网络让从一国到另一国的旅程变得越来越容易。对于出国者，除了要拿到目的地国的入境许可，就是要准备该国的货币。

　　由于人民币目前还不能在全球自由兑换，所以，就需要兑换外汇。我国现行的外汇管理制度规定，每人每年的换汇额度是 5 万美元。在此额度内，凭本人身份证明向银行申报用途后，即可办理。

　　那么，具体该如何换汇呢？

1美元	6.3913元
1欧元	7.8210元
100日元	5.8700元
1港元	0.8232元
1英磅	9.0460元
1澳大利亚元	4.9657元

数据截止时间：2021 年 5 月 26 日 23 时

汇率与外汇标价方法

前面已经学过，汇率是一种货币与另一种货币的比率或比价，或者说是用一种货币表示的另一种货币的价格。你可以在国内银行网点的显示器上或者在网上看到类似下面这张报价表，显示的就是人民币对各种货币的汇率。

表 2.2　××银行外汇牌价

更新时间：2021-02-25　12:34

货　币	汇买价	钞买价	汇卖价	钞卖价
阿联酋币	—	169.46	—	182.05
澳　元	512.48	496.56	516.25	518.54
巴西币	—	114.54	—	130.05
加　元	514.14	497.9	517.93	520.21
瑞士法郎	709.25	687.36	714.23	717.29
丹麦克朗	105.19	101.94	106.03	106.54
欧　元	782.83	758.51	788.61	791.14
英　镑	910.08	881.8	916.78	920.83
港　币	83.03	82.37	83.36	83.36
印尼盾	—	0.0442	—	0.0477
印度卢比	—	8.3874	—	9.4582
日　元	6.0705	5.8819	6.1152	6.1246
韩　元	0.5802	0.5598	0.5848	0.6063
澳门元	80.7	77.99	81.02	83.72
马　币	159.28	—	160.72	—
挪威克朗	76.74	74.37	77.36	77.73
新西兰元	477.98	463.23	481.34	487.96
菲律宾币	13.19	12.74	13.35	13.94
卢　布	8.74	8.21	8.82	9.15
沙特币	—	167.21	—	176.77

货 币	汇买价	钞买价	汇卖价	钞卖价
瑞典克朗	77.67	75.27	78.29	78.67
新加坡元	487.63	472.58	491.05	493.5
泰 铢	21.39	20.73	21.57	22.25
土耳其币	89.67	85.28	90.39	103.79
新台币	—	22.41	—	24.28
美 元	643.84	638.6	646.57	646.57
南非兰特	44.29	40.89	44.59	48.07

这里采用的就是最常见的**直接标价法**，是以外国货币为基准的表示方式，即一个单位的外国货币，可以兑换多少单位的本国货币。按照上表的现钞卖出价，100美元可以兑换646.57元人民币，100日元可以兑换6.1246元人民币，100欧元可以兑换791.14元人民币，100韩元可以兑换0.6063元人民币。

包括中国在内的世界上绝大多数国家和地区的货币都采用直接标价法，比如日元（JPY）、瑞士法郎（CHF）、加元（CAD）等等。

但是也有一些货币采用**间接标价法**，以本国货币为基准，即一定单位本国货币能兑换若干单位的外国货币。如欧元（EUR）、英镑（GBP）、澳元（AUD）等。如果你在伦敦希斯罗机场看到的报价表上写着美元汇率为1.40，注意，它表示的是1英镑可以兑换1.40美元，而不是1美元可以兑换1.40英镑。

由于美元长期是国际通行货币，有时人们会用两种不同的货币各自与美元的汇率，来换算这两种货币的汇率。比如，美元兑人民币汇率为6.5，美元兑日元汇率为105，那人民币兑日元汇率就是 16.15。

搞懂了汇率和外汇报价的问题，接下来就碰到一个很实际的问题：到底是要换汇还是换钞？如果你要把外币现金取出来，拿在手里付小费或零花用，就要换钞。如果只是把银行账户里的人民币换成外币，换汇即可。

如表 2.2 所示，每一种外币都公布 4 种牌价，即现汇买入价、现汇卖出价、现钞买入价、现钞卖出价。卖出价是银行将外币卖给我们的牌价，也就是我们到银行购汇时的牌价；而买入价则是银行向我们买入外汇或外币时的牌价。比如，A 从国外回来，把多余的 200 欧元现钞拿到银行，换回 1517 元人民币，而 B 要出国，去银行换 200 欧元现钞作为零花钱，就要付 1582 元人民币，买卖之间的价差 65 元人民币就是银行的收益。通常，银行的现汇买入价高于现钞买入价，银行卖出现汇的价格要低于现钞的价格（美元是相同的）。想一想，这是为什么？

我们在新闻报道中还经常听到或看到的一个词，叫汇率中间价，也称外汇中间汇率，它是外汇买卖价的平均数。其计算公式是：（外汇买入价 + 外汇卖出价）/ 2 = 外汇中间价。外汇中间价常用于对汇率的分析。

选择适当的兑换时机

汇率是随时波动的。表 2.2 清楚地标出了牌价更新的时间，你可以打开此刻的外汇牌价，与表 2.2 比较一下，看看其中哪些货币的价格涨了，哪些跌了。

既然汇率是波动的，那么在不同的时间去换汇，花的钱就有多有少了。举个例子，2020 年 4 月 30 日美元兑人民币的汇率在 7.0628 ～ 7.0659 之间波动，如果你要换 50000 美元，按中间值计算，此时要花人民币 353217.5 元，而 2021 年 2 月 1 日，该汇率在 6.4308 ～ 6.4679 之间波动，还按中间值计算，换 50000 美元只要花 322467.5 元，省了 30750 元。汇率在同一天的价格也是不断波动的，比如 2021 年 2 月 1 日的最低价是 6.4308，最高价是 6.4679，如果换 50000 美元，高低相差也有 1855 元。但个人去银行兑换的汇率并不是外汇市场实时交易的汇率，银行会在该汇率的基础上加上服务费或手续费，形成最终的银行报价。

如果你只是因为出国旅游需要兑换小额的外币现钞，那只要在出发前提前几天去银行换一下就好，但如果你是要出国留学，需要兑换大额外汇，就有必要提前了解一下汇率走势，再根据自己需要用汇的时间，来挑选一个换汇的时机。如果在某个时间段内波动比较频繁，也可以采取分批兑换的方式，平摊一下成本。

选择合适的兑换地点

一份来自英国外汇公司 CaxtonFX 的研究报告显示，相比在伦敦希思罗机场，在英国其他地区机场换汇损失可达 13%。该公司调查了 2016 年 7 月 11 日 10:00 英国各大机场的换汇汇率，发现伦敦希思罗机场给出的汇率最为优惠，为每英镑 1.19 美元，而布里斯托机场的汇率是每英镑兑 1.05 美元，英国游客如果用 1000 英镑在其他机场换取美元，要比希思罗机场少拿到 140 美元。

这提醒我们，选择在哪里换汇也是相当重要的。

中国银行、工商银行、建设银行、农业银行、交通银行、招商银行、中信银行、光大银行、民生银行等各家银行的大部分银行网点，都可以为居民办理因私购汇。在币种选择上，除基本的美元、日元、港元外，在一些银行也可以选择兑换加元、澳元、韩元等特殊货币。由于银行兑换外币的挂牌价一般会紧跟国际汇市的变化，同时也会考虑自己在国际汇市的资金运营成本，因而在牌价上会有所不同。你可以上网查询每家银行的报价，还有不少手机端的省钱换汇 App，可以在你找到最优汇率银行时查到附近该银行网点的具体位置，可以说是省时又省力。

如果你去港澳台地区，也可以用同样的方法，先询价再出手。因为银行及各类金融机构的竞争更激烈，相互之间的汇率报价差可能还不小。你还会在街头看到很多两替店（货币兑换店），一定要记得价比三家。

如果在出国前来不及去换汇也不用着急，星级酒店和机场通常也都有提供货币兑换业务的柜台，在境外的 ATM 机上也可以直接用我们的借记卡取外币现金，用当日汇率结算，但有的银行在境外 ATM 机上取现需要手续费，具体可以事先跟银行打听清楚。如果只是取小额的零花钱，就看哪个方法最方便了。

有没有比换汇更好的选择？

比起换汇时换多了不划算换少了不够用，更好的选择是刷信用卡。

目前各家银行推出的信用卡透支消费中，都有一项叫做"刷外币，还人民币"的功能。也就是说，在境外消费可以直接在卡中刷走外币，对于出国旅游的人来说，这项功能不仅可以免去上银行购买外汇的过程，还可以根据信用卡中人民币的额度折算刷走外币的额度。

随着支付宝和微信支付的快速发展，你还可以在许多国家刷手机支付。所以，出国时大可不必把大量的外币现钞放在身上，以免成为国外小偷的目标。

小结

1. 外币兑换时，银行的买入价和卖出价之间的差价是银行的收益。现汇与现钞的兑换价格是不同的。

2. 外币兑换要选择合适的时机和地点。

3. 我们已经有了优于换汇的选择，可以根据需要使用。

正文中提到，如果我们要大额换汇，就需要对汇率走势有所了解。我们可以关注相关的财经新闻，如果人民币在升值，那我们可以尽量晚一点换外汇，如果人民币处于贬值周期，则应该尽早换汇。

那么影响汇率的因素有哪些呢？请搜索有关资料，列出五条。

2.11 你看得懂工资单吗?

小李的爸爸每月工资 20000 元, 但实际到手还不到 16000 元, 这是怎么回事儿呢? 让我们看一看他的月工资单吧!

应　发	扣公积金	扣养老金	扣医保	扣失保	扣职业年金
20000	1400	1600	400	100	800
扣税款	扣会费	其他扣	应扣合计	实　发	
245.52	3.5	15	4564.02	15435.98	

小李爸爸的工资单

其中明明白白地列示出了扣除的养老金、医保、公积金等(通常统称为"五险一金")和个人所得税, 让我们来具体了解一下。

什么是"五险一金"?

"五险一金"是用人单位给予劳动者的几种保障性待遇的合称。"五险"指的是养老保险、医疗保险、失业保险、工伤保险、

133

生育保险，"一金"是住房公积金。"五险一金"是基于个人前一年的工资，由用人单位与个人以相应的比例缴纳，其缴纳额度在不同的地区有不同的规定。社保缴费基数按职工上一年月平均工资确定。

　　顾名思义，养老保险是用来保障退休以后的老年生活的。累计缴纳养老保险15年以上，并达到法定退休年龄，就可以享受养老保险待遇。养老保险是可以中断的，最后按累计年限计算。养老金的个人缴纳比例大致是工资的8%。比如上图工资单中，小李爸爸的应发工资是2万元，我们假定小李爸爸去年的月平均工资就是2万元，那么需由他个人缴纳的养老金是1600元。此外，小李爸爸的工作单位还需为他缴纳一笔养老金，数额一般为个人缴纳金额的2倍以上。这笔钱不从个人工资中扣除，而是由工作单位支付。个人和单位上缴的养老金会进入社保基金，小李爸爸退休后，就可以每月领取养老金了。养老金的多少取决于工资、缴费年限等因素，一般而言，工资越高、缴费年限越长，养老金也就越高。

医疗保险用于提供最基本的医疗保障。一般个人每月缴纳的医保费用为月工资的 2%，进入医保个人账户，单位缴纳费用则为月工资的 8% ～ 12%（因地而异），其中小部分进入个人医保卡，大部分进入国家统筹账户。我们以小李爸爸为例，如果只是去医院看门诊挂号配药，一般会先从个人账户扣除相关费用。要是不幸需要住院开刀，在超出个人账户支付范围后，将动用医保统筹账户。值得注意的是，医保只是基础性的保险，很多进口药以及特殊的医疗设备等是无法纳入医保范畴的。此外，不同级别的医院、不同种类的药物，医保的报销比例也不尽相同。

失业保险是由用人单位、职工个人缴费及国家财政补贴等渠道筹集资金建立的失业保险基金。单位和个人均需按照所在地的规定按月缴纳，一般不超过个人月工资的 2%。如果小李爸爸所在单位和本人按照规定累计缴费时间满 1 年，一旦他失业，就可以按低于当地最低工资标准、高于城市居民最低生活保障标准的水平领取失业保险金了。

只要是签署正式劳务合同的员工，在工作时间、工作地点受伤，甚至上下班途中受伤都可以申请工伤认证。一旦出了工伤事故，工伤保险能提供部分保障。工伤保险由单位缴纳，缴费比例为月工资的 0.2% ～ 1.9% 不等，根据行业特性决定。

生育保险是在怀孕和分娩的妇女暂时中断工作时，由国家和社会提供医疗服务、生育津贴和产假的一种社会保险。在某些情况下，男方也可以享受生育保险。生育保险由单位按照各地规定缴纳。

住房公积金是指个人与单位对等缴存的长期住房储蓄。当需要买房、装修、租房或出国出境、退休时，可以到公积金中心办理提取或转移。在一般情况下，这笔属于我们的钱并不能由自己随意使用，即使面对极好的投资机会，也无法取出。但在需要买房时，可以申请住房公积金贷款。由于公积金贷款是各地住房公积金管理中心委托商业银行发放的，利率远低于商业贷款，所以银行会综合个人公积金连续缴费情况、账户余额及个人信用状况评估贷款额度。以小李家为例，他的爸爸妈妈每月自缴公积金均为 1400 元（工资的 7%），各自单位再缴 1400 元，每月公积金入账 5600 元。如果小李父母公积金账户余额充足，就可以选择公积金年冲的方式，抵充掉一部分公积金贷款本金，减轻家庭的经济压力。

上面介绍的五险一金都属于社会保障的范畴，也就是我们通常所说的"社保"。

社会保障（Social Security）

社会保障是以国家为主体，依法通过国民收入的再分配，对社会成员在因丧失劳动能力以及由各种原因而导致生活困难时给予物质帮助，以保障其基本生活的制度。

也许有人会纳闷，我们为什么要缴纳这个金、那个险的？把扣除的钱直接拿到手岂不是更好？尤其是那些进入社会统筹账户的钱，将来会不会用不到自己身上？这就有必要说一说社会保障的重要意义了。社会保险是一种为丧失劳动能力、暂时失业或因健康原因造成损失的人们提供保障的制度。我们常说"人生不如意之事，十有八九"，生活中的很多风险是我们无法预知的。试想一下，如果小李爸爸突然失业或生了场大病，在没有基本社会保障的情况下，很可能陷入穷困潦倒的窘境。保险的本质就是"我为人人，人人为我"，只有大家都缴纳社保，才能提高整个社会以及我们每个人应对未来风险的能力。

认识个人所得税

在每月的工资单中，除了五险一金的扣款外，我们还需依法缴纳个人所得税。个人所得税是国家对纳税人的个人所得征收的一种税收。大多数国家的个税都采取累进所得税制，我国也不例外。

累进所得税（Progressive Income Tax）

累进所得税是指税率随着个人应纳税款的增加而上升的所得税制度。简单来说，就是根据收入的高低确定不同的税率，对高收入者按高税率征税，对低收入者按低税率征税。

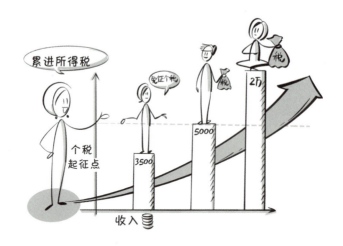

　　2018 年 10 月 1 日起，我国将个税起征点由 3500 元 / 月提高到 5000 元 / 月，也就是说，月收入 5000 元以下可免征个人所得税。我们每个月的应纳税所得额可以按以下公式计算：

　　应纳个税所得额 = 每月收入 − 5000 元（起征点）− 专项扣除（五险一金等）− 专项附加扣除

　　这里面的**"专项附加扣除"**，是指从 2019 年 1 月 1 日开始施行的新个税法规定的子女教育、继续教育、大病医疗、住房贷款利息、住房租金和赡养老人等六项专项附加扣除。其目标是进一步减轻劳动者税收负担，增加居民实际收入、增强消费能力。

　　专项附加扣除目前需要我们在相应的 App 上主动申报操作，综合所得年度汇算之后，个人所得税多退少补。具体的扣除方法可以在相关网站或 App 查阅。

　　算出应纳个税所得额之后，我们就可以计算个税了，税率可参考表 2.3。

表 2.3　个人所得税税率表（2021 年）

级　数	全年应纳税所得额	税率（%）
1	不超过 36000 元的	3
2	超过 36000 元至 144000 元的部分	10
3	超过 144000 元至 300000 元的部分	20
4	超过 300000 元至 420000 元的部分	25
5	超过 420000 元至 660000 元的部分	30
6	超过 660000 元至 960000 元的部分	35
7	超过 960000 元的部分	45

　　除了工资以外，我们可能还会有其他收入，如劳务报酬所得、稿酬所得和特许权使用费等，这些收入也需要缴纳个人所得税。大多数时候，这些收入都会由支出单位代扣代缴个税，当然，到年底的时候也会按不同比例纳入年度综合所得统一汇算。

　　能不能不缴纳个人所得税呢？那是万万不能的。纳税是我们作为公民应尽的义务，如果涉嫌偷税漏税，那是要负相应的法律责任的，情节严重涉及犯罪的，还将受到法律的严厉制裁。我国的税收"取之于民，用之于民"，将用于改善基础设施、保障医疗、促进教育等公共事业，以此造福全体民众，从这个意义上说，纳税也是公民权利实现的重要保障。

小结

　　1. 五险一金都属于社会保障的范畴，能提高整个社会以及我们每个人应对未来风险的能力。

2. 个人应依法缴纳个人所得税，纳税是每一个公民应尽的义务，不可偷税漏税。

思考与实践

陈先生今年40岁，年工资收入总共税前40万元，但他在外面做报告和演讲赚了40万元（已代扣代缴个人所得税8万元，实收32万元）。陈先生没有兄弟姐妹，父母均已退休。目前单身无子女，名下首套住房今年房贷利息18万元。此外今年无其他专项附加扣除项目。

请查阅关于个税专项附加扣除的有关规定，结合本节内容，估算陈先生今年年度汇算的时候，个税多退或者少补的大致数额。

3 明明白白做投资

Z

3.1 闲钱应该放在哪里？

今天，我们家里或多或少都有一些闲钱。与此相应，各种投资理财的渠道也非常丰富，比如银行存款、银行理财、股票、基金、债券、保险，甚至黄金、外汇等等，我们应该怎样配置家里的闲钱呢？

盘点家庭收入和支出

一般来说，家庭收入包括以下几个方面：（1）家庭成员的工资、奖金以及从事兼职和偶尔劳动得到的劳动收入；（2）经营性收入，即家庭成员从事生产经营活动所获得的净收入，如开小店、摆摊、家庭作坊、私营企业的纯收入；（3）财产性收入，如存款的利息、出租房屋收入、商业保险投资收益、股息与红利收入、知识产权收入；（4）其他收入，如政府对个人收入转移的离退休金、失业救济金、赔偿等。这些收入是每个家庭获得并且可以自由支配的收入，即可支配收入。

而一般家庭的钱大致用于：（1）日常消费。对一个家庭来说，购买日常生活用品是必不可少的刚性支出项目；（2）应急。"天有不测风云，人有旦夕祸福"，生活中有许多风险，如意外事故、疾病等，我们手头需要留有应急的钱，以备不时之需；（3）投资。一般为家庭里的闲钱。

对于日常消费和应急的钱，我们需要保证随时可以取用。因此，这部分资金我们经常放在银行活期存款或者余额宝这类的货

币基金中。

　　银行活期储蓄是我国绝大多数居民的首选，使用也很方便。除了原来的刷卡支付和取现支付以外，还可以通过手机支付使用。另外，如果我们开通了手机银行，那生活缴费、转账支付等就很方便了，与余额宝和微信支付相比，手机银行还可以节省转账费用。

　　活期存款虽然便利性高、安全性好，但收益低，因此越来越多的居民储蓄"搬家"去了余额宝、零钱通等货币基金，收益率通常是活期存款的数倍，同样随存随取。因为货币基金主要投资于短期货币工具如国债、央行票据、银行定期存单、企业债券（信用等级较高）、同业存款等短期有价证券，安全系数高，收益较银行活期储蓄高，也比较稳定。但货币基金一般对即时赎回有额度限制，如果你有急需大额资金的可能，就不要把鸡蛋都放在一个篮子里。当然，如果时间允许，延时赎回是没有额度限制的。

闲钱应该放在哪里？

用于投资的应该都是闲钱。投资的钱要考虑的主要有两点：第一，希望是短期、中期还是长期投资？第二，能承受什么样的风险？

在金融市场上，涨涨跌跌是常态，如果很难淡然处之，不如选择银行定期储蓄。由于各家银行都会根据央行的基准利率制定自己的利率，在确定存款期限后，我们可以根据自己对便利性、盈利性和安全性的要求选择存在哪家银行。一般银行实力越雄厚、规模越大、信誉度越高，利率越低。

表 3.1　部分银行利率对照表（2021 年）

银行 / 基准利率	活期（年利率 %）	定期存款（年利率 %）					
		三个月	半年	一年	二年	三年	五年
基准银行（央行）	0.35	1.1	1.3	1.5	2.1	2.75	—
工商银行	0.3	1.35	1.55	1.75	2.25	2.75	2.75
北京银行	0.3	1.4	1.65	1.95	2.5	3.15	3.15
浦发银行	0.3	1.4	1.65	1.95	2.4	2.8	2.8
上海银行	0.3	1.4	1.65	1.95	2.4	2.75	2.75

当然，如果考虑通货膨胀因素，银行定期存款的实际利率可能是负数。对于 3 个月以上不用的资金，可以根据自己的风险承受能力，选择银行理财、股票、债券、基金等各种产品。如果有家庭成员未来要出国留学，也可在适当的时机买入一些外汇。另外，为了长期抵抗通胀，在符合条件的情况下，也可以考虑购入

房产，让家庭财富保值增值。这些资产配置的方式我们会在接下来的章节中详细说明。

家庭资产配置的原则

每个家庭的状况千差万别，需要用钱的地方也各不相同。但总的来说，家庭资产配置有以下几条通用原则。

1. 期限适配原则

如上文所说，我们日常生活和应急的资金只能进行短期配置，放在活期存款或者货币基金中。"短钱长投"会给我们造成麻烦，"长钱短投"则会损失收益。

2. 风险匹配原则

对于收入较高且前途向好的年轻人来说，对风险的承受能力相对较强，可以做一些激进的投资。但家人的生活费、孩子的教育费、老人的退休金以及家庭的应急资金是无法承受风险的，不能轻易拿去投资股票等风险较大的品种。

3. 分散投资原则

可以配置银行存款、债券、股票、基金等不同投资品种，也可以在同一投资品种下选择不同的项目，如选择不同期限的银行存款、不同的债券、不同的股票、不同的基金等。不要把"鸡蛋放在一个篮子里"，以免某一种投资品突发风险给我们造成过大损失。

巴菲特说：投资的原则其实很简单，第一条，永远不要亏钱；第二条，永远不要忘记第一条。我们在想把钱放在哪里的时候，应该谨记这个原则。

家庭资产配置原则

小结

　　1. 我们要根据家庭实际收支情况，对钱按不同用途做恰当比例的分配，使之既能保障正常的生活，也能为家庭的长期发展做好资金上的准备。

　　2. 投资的钱应该是闲钱，需要明确投资的期限，了解自己的风险承受能力，并遵循分散投资的原则。

思考与实践

　　请分析你的家庭收支和风险偏好情况，尝试给自己家做一个资金配置方案。

3.2　银行理财产品为什么不保本保收益了？

近年来，银行理财产品作为一种投资渠道越来越受到大家的青睐。相比于传统的银行定期储蓄，理财产品的收益更高，而与基金、股票等暴涨暴跌的投资渠道相比，理财产品的风险更低。很多家庭，尤其是退休的老人，都喜欢拿家里的闲钱去银行买理财产品，大家选择理财产品最重要的原因是它可以保本保收益，对很多投资小白和没有充裕时间的投资人来说，理财产品买了就可以不管，到时间就可以拿钱，真可谓是老少皆宜、旱涝保收的上选。

不过，现在银行理财已经不再保本保收益了，你知道为什么吗？

银行理财产品是什么？

我国的商业银行理财业务是从 2005 年开始的，之后发展极为迅猛，一段时间几乎成了"国民投资品"。许多商业银行会针对特定目标客户群开发设计并销售理财产品，接受客户的授权，管理资金并进行投资。银行投资的收益与风险由客户承担或客户与银行按照约定方式双方承担。

一般来说，银行理财的风险远小于股票。这和理财产品投资的底层资产有关。我们日常购买的银行理财，其实都是底层资产通过包装做成了可供投资者直接购买的产品。

底层资产（Underlying Assets）

底层资产可划分为 15 类，如现金及银行存款、货币市场工具、债券、公募基金、私募基金、产业投资基金等等。底层资产是投资者资金最终的实际流向，是没有经过包装的资产。

虽然银行理财都有预期收益率，但收益率的实现存在着不确定性。同时，不同产品有不同的投资方向，不同的金融市场也决定了产品本身风险的大小。所以，投资人在选择一款银行理财产品时，一定要对其进行全面了解，然后再作出自己的判断。

需要注意的是，我们在银行理财专柜购买的不一定都是理财产品，也可能是银行代销的基金或者保险产品之类，这种情况下银行赚的就是佣金或者差价。我们在买银行理财产品之前一定要问清楚，不要搞错。

理财产品为什么要打破刚性兑付?

2018 年 4 月,中国人民银行、银保监会、证监会、外汇管理局联合印发了《关于规范金融机构资产管理业务的指导意见》,明确要求银行不能承诺保本保收益,也就是所谓的打破刚性兑付。

刚性兑付(Rigid Payment)

刚性兑付是指金融理财产品到期后,银行等金融机构必须分配给投资者本金以及收益,当金融理财产品出现不能如期兑付或兑付困难时,金融机构必须担负起赔偿投资者损失的义务。

从某商业银行官网上的理财产品列表可以看到,现在的理财产品列表都会明确表示"非保本浮动",银行的理财经理也不会再承诺"保本保收益"了。

表 3.2　某银行部分理财产品（2021 年 4 月）

产品名称	（预期）收益率 / 净值	期限	起点金额	性　　质
浦惠久久（邀约专享）	4.000000%	88 天	50000.00	非保本浮动
高资产净值同享盈增利之新客理财计划	4.050000%	91 天	1000000.00	非保本浮动
同享盈增利之新客专属理财计划	4.050000%	188 天	10000.00	非保本浮动
高净值同享盈增利之100 万起（3 个月）	3.650000%	90 天	1000000.00	非保本浮动
高净值同享盈增利之100 万起（1 个月）	3.550000%	35 天	1000000.00	非保本浮动
高净值同享盈增利之 5 万起6 个月计划	3.620000%	180 天	50000.00	非保本浮动
高资产净值同享盈增利1 个月计划	3.420000%	35 天	50000.00	非保本浮动
高净值同享盈增利之钻石客户专属（6 个月）	3.730000%	180 天	50000.00	非保本浮动
同享盈增利 6 个月计划	3.600000%	180 天	10000.00	非保本浮动
同享盈增利 1 万起3 个月计划	3.550000%	90 天	10000.00	非保本浮动

为什么银行理财要打破刚性兑付呢？

首先，就理财的本质来说，它是一种投资行为。任何投资都是既有收益，也有风险的。银行只是"受人之托，代人理财，银行尽责，自负风险"，也就是说，银行接受客户委托进行投资，银行的义务在于审核项目、告知风险，客户明确风险后进行投资，获得收益的同时需要自担风险。其次，就理财产品自身发展来说，以前银行理财资金量小，加上经济发展势头强劲，理财业务风险并不明显。但最近几年理财资金数量急剧增长，又遇到经济增速放缓，如果银行继续向投资者承诺保本保息，一旦出现问题，将很有可能导致客户的资金安全无法得到保障。再者，如果银行继续维持保本保息，相对高收益的理财产品就变成了低风险的投资渠道，大家就会趋之若鹜。这种风险与收益不对等的投资方式，是难以长久的。

当然，由于银行理财的底层资产相对来说风险是比较小的，加上银行有专业的风控管理，所以目前来看，大多数银行理财的安全性还是比较高的。

银行理财产品的风险等级

银行理财产品虽然相对安全，但由于体量庞大，也不时地曝出不能按期兑付的新闻。2020年10月，工商银行代销的一款40亿元、年化利率4.1%的理财产品暴雷，震惊业界。

我们如何识别银行理财产品的风险呢？其实，银行理财产品都会标示风险等级。根据产品风险大小，基本分为五等，由低到高分别是：谨慎型产品（R1）、稳健型产品（R2）、平衡型产品（R3）、进取型产品（R4）、激进型产品（R5）。

谨慎型产品（R1）一般由银行保证投资者本金的完全偿付，产品收益较低，且较少受到市场波动的影响，一般会投向国债、年金险、货币基金等。

稳健型产品（R2）不保证本金的偿付，但本金风险相对较小，收益浮动基本可控，主要投资于债券、债券基金等。

平衡型产品（R3）不保证本金的偿付，有一定的本金亏损风险，收益浮动且有些许波动。这一级别的产品除可投资于债券、同业存放等低波动性金融产品外，还可投资于股票、外汇等高波动性金融产品，后者的投资比例原则上不超过30%。

进取型产品（R4）不保证本金的偿付，本金风险比较大，收益浮动且波动也较大，投资较易受到市场波动等风险因素影响。该级别产品挂钩股票、黄金、外汇等高波动性金融产品的比例可超过30%，亏损的可能性较高。

激进型产品（R5）不保证本金的偿付，本金风险极大，同时收益浮动且波动极大，该级别产品可完全投资于股票、外汇、黄金等各类高波动性的金融产品，并可采用衍生交易、分层等杠杆放大的方式进行投资运作。

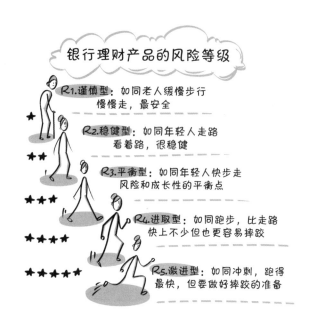

银行理财产品的风险等级

R1.谨慎型：如同老人缓慢步行
慢慢走，最安全

R2.稳健型：如同年轻人走路
看着路，很稳健

R3.平衡型：如同年轻人快步走
风险和成长性的平衡点

R4.进取型：如同跑步，比走路
快上不少但也更容易摔跤

R5.激进型：如同冲刺，跑得
最快，但要做好摔跤的准备

一般情况下，金融机构为了投资者的收益安全，也会对投资者风险承受能力进行事先评估（见本书3.10）。我们要选择跟我们的风险承受能力匹配的银行理财产品。

资本市场有句名言：我们只能赚自己认知范围内的钱。银行理财的预期收益率目前大概是 4% 左右，而银行拿着这笔钱去投资，可以获得高得多的收益。如果我们对银行理财背后的底层资产有深入研究，那我们也可以通过别的方式去投资那些底层资产。后面的章节我们会介绍部分这类资产。

小结

1. 银行理财产品的风险和收益取决于其投资的底层资产，我们在选择时，一定要对其进行全面了解。

2. 银行理财产品打破刚兑已经是趋势和事实，但总的来说，银行理财的风险还是比较低的。

3. 在购买银行理财产品之前，需要了解产品的风险等级，也要对自己的风险偏好进行充分评估，再作决定。

思考与实践

你家买了银行理财产品吗？登录银行官网去了解一下这款产品的底层资产吧，看下它的收益率和风险程度是否匹配，跟你家的风险程度能力是否吻合。

3.3 股票的价格是由什么决定的?

我们常常可以在财经新闻中看到或听到,"受 ×× 消息的影响, ×× 股票涨停, 带动 ×× 板块""×× 股票带头下跌, 至收盘时跌幅达到 ××"等等。从中不难知道, 股票的价格是一直在波动的。那股票价格到底是由什么决定的呢?

影响股票交易价格的因素

所谓**股票**, 是企业为了筹集资金而发行给股东的持股凭证。每股股票都代表股东对企业拥有一个基本单位的所有权。这种所有权是一种综合权利, 如参加股东大会、投票表决、参与公司的重大决策、收取股息或分享红利等。股票上市后, 可以在二级市场交易。

我们在第一章已经讨论过商品的价值与价格之间的关系, 股票是一种特殊的商品, 其市场交易价格自然也会受到供求关系与内在价值的影响。

如果一只股票一直有人买, 那么价格会一直被推高, 反之, 若是卖单不断, 大家为了成交, 便不断压低价格, 进而导致股票的下跌。我国的股市交易采用了涨跌停板限制, 当市场极度看好某只股票时, 该股票就容易被买盘推至涨停, 此时如果卖方惜售, 就会出现涨停板只有买单没有卖单的情况, 更加助长股价上涨预期。股票被打到跌停板时, 则是无人接盘, 出现被套的投资者卖不出的情况。

但从长期来看, 股价还是会反映公司的内在价值的。许多专业机构和投资者致力于研究企业基本面，从而研判其长期股价走势。基本面的研究包括企业的财务报表、管理水平、所处行业的发展前景、企业在相关行业的地位，等等。股市里经常有优质股票被低估的情形，但把时间线拉长，绩优股必然会比那些绩差股表现更好。这也是巴菲特所遵循的"**价值投资**"策略，即发现那些价值被低估或具有较大成长性的股票并长期持有。

此外，宏观经济形势和政策因素也会影响股价。统计局公布的经济数据往往可以反映宏观经济形势，如果数据向好，说明经济形势不错，那将有利于上市公司的经营，利好股价。就政策因素来说，如果央行宣布降息，那就意味着增加市场的流动性，对于股市而言也是利好消息，可能出现股价普涨的行情。另外，某个领域的特殊优惠政策也会带动相关股票的价格，比如海南"自由贸易港"政策颁布之后，所谓"海南板块"的股票就迎来了一波涨势。

了解影响股价涨跌的因素之后，投资者需要对股价进行预测，以便进行投资决策。这方面的理论和方法非常多，比较典型的是所谓基本面派和技术面派，前者主要关注企业的内在价值，相信长期来看，股票价格一定会反映企业的价值，因此一般是长期投资；后者主要看股价走势图，相信影响股价的包括基本面、资金面和情绪方面的各种因素都体现在股票的量价图中，能够通过股价走势图预测股价的进一步发展，一般都是短期投资。

想准确预测股票的价格是非常困难的。我们在第一章介绍的"羊群效应"在股市中特别典型，股民的从众心理、贪婪或恐惧的惯性往往使得股价出现剧烈的短期涨跌。耶鲁大学的罗伯特·席勒教授就是因为在研究投资者的非理性行为方面颇有建树，成为 2013 年诺贝尔经济学奖的得主之一。而科学家牛顿更

曾留下一句名言："我可以计算出天体运行的轨迹，却无法预测
人性的疯狂。"

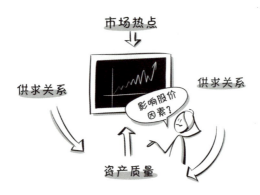

股票的发行价格是怎么确定的？

上面所说的股票交易价格，是指股票上市后，在**二级市场**
（即股票的交易市场）上投资者买卖的价格。而股票的发行上市
属于**一级市场**，那企业首次公开募股（IPO）的发行价是如何确
定的呢？

首次公开募股（Initial Public Offerings，简称 IPO）

指企业通过证券交易所首次公开向投资者发售股票，以期募
集用于企业发展资金的过程。所募集的资金扣除各种中介费用之
外归企业所有。一般来说，IPO 完成后，这家公司就可以申请到
证券交易所或报价系统挂牌交易。

　举个例子。假如 A 有一个非常棒的创新技术，想成立一家企业来推广这种技术。成立一家公司花不了多少钱，但要把这个技术做成产品再推广出去，至少需要 200 万元。A 的启动资金不够，于是找来朋友 B 加盟，A 出技术，B 出资金 200 万元，成立了 MAX 公司。他们商定，双方各占 MAX 公司股份的一半，以后赚了钱也是一人分一半，股份可以转让。

　两年后，公司运营得很成功，B 因为需要现金投入别的项目，在跟 A 商量后，把他的股份转让给了 C、D 两人，转让价格是 1000 万元。

　三年后，企业发展非常快，而且持续盈利，净利润已超过 1000 万元。股东们商议决定，将公司总股本从 200 万元扩充到 3000 万元。原有股东 A、C、D 各保留自有股权的 60%。经过相互了解和多次谈判，最终 E、F、G、H、I 五位新投资人同意共同出资 2800 万元，占股 40%，加入 MAX 公司。由于公司已达到创业板的上市要求，为了继续扩大公司规模，公司决定再次增资扩股，将总股本扩大到 8000 万元，其中向公众发行 2000 万股（占比 25%），即向普通投资者募集资金。普通投资者通过申购新股（俗称"打新"），就参与了股票的一级市场。那么这个价格如何确定呢？

IPO 的发行定价是非常专业审慎的过程，比如从企业角度，较高的发行价可以融到更多的资金，但从证券承销商的角度，过高的发行价可能会存在一定的滞销风险，所以最终的价格会是相关利益方博弈的结果。但总体而言，IPO 的发行定价更多是由企业本身的内在价值，以及资本市场对于其未来估值预期所决定的。比如例子中的 MAX 公司，从过往三年的发展中可以看出其具有较强的盈利能力，假设每年的净利润分摊到每股为 0.5 元，如果公司仍有一定的技术优势，市场就可能给出不低于 20 倍的估值，即每股发行价 10 元，为公司募集来 2 亿元的资金。对于 A 来说，如果说他的技术最初价值 100 万元，第一次增资时价值涨到了 2100 万元（2800 万元 ÷40%×50%×60%）。公司上市后，若原股东等比例退出，他持有的股权价值将达 1.8 亿元（8000 万 ×30%×75%×10 元）。这就是资本创富的秘密。

截至 2021 年 2 月，中国股民数量已经达到 1.7 亿人，股票已成为名副其实的国民投资品。股市既有巨大的财富效应，也蕴含着很大的风险，要踏足股市，我们一定要搞懂股价的运行逻辑。永远记着那句话："股市有风险，入市需谨慎！"

股市有风险，入市需谨慎！

1. IPO 的发行定价不仅是公司内在价值以及市场预期的外在反映，更是多方利益博弈的结果。

2. 二级市场的股价从长期而言，企业的业绩与成长性才是决定性因素。

3. 股票是企业为筹集资金而发行给股东的持股凭证。股份制和股票市场有助于技术进步和经济发展。

思考与实践

在股市中，有人是价值投资派的拥趸，也有人是短线技术派，认为股价的运行趋势都蕴含在走势图中。这除了跟对市场的理解相关之外，可能跟个人的性格，甚至价值观也有一定的关系。你倾向于哪一派？说说理由。

3.4 如何解读股票指数?

打开手机端的股票交易软件,通常会在醒目的位置看到大盘指数,其中有上证指数、深圳成指、创业板指数、科创 50、沪深 300、上证 50 等等。有时走在上海陆家嘴金融城街头,一抬头看到大屏幕上滚动的,也是各种各样红红绿绿的指数。除了前面列出的这些,还会有恒生指数、道琼斯指数、纳斯达克指数、日经指数、德国法兰克福指数等境外证券市场的指数。打开收音机或电视机,也常常会听到或看到这些指数。那么这些指数到底是怎么编制出来的? 又该如何解读呢?

股票指数是如何编制的?

编制股票指数有一套专业复杂的系统,一般由证券交易所、金融服务机构、咨询研究机构或新闻单位等专业性机构编制和发布。其计算方法可参考以下公式,逐日实时计算:

$$实时指数 = 上一交易日收市指数 \times \frac{\sum (样本股实时成交价 \times 样本股权数)}{\sum (样本股上一交易日收市价 \times 样本股权数)}$$

样本股:指纳入指数计算范围的股票。
样本股权数:为样本股的自由流通量,分子项和分母项的权数相同。

从公式中,我们不难发现,个股股价的实时波动会导致股票指数的不停变动。由于计算机超强的计算能力,股票价格指数的变动已几乎可以跟个股价格的变动同步。而对指数具有决定性影响的是选取的样本股，通常指数的名称会包含相关的信息。

比如**上证指数**，其全称是上海证券综合指数，样本股是在上海证券交易所挂牌的全部股票，以发行量为权重加权综合计算。该指数以 1990 年 12 月 19 日为基期，基点定为 100 点，1991 年 7 月 15 日开始实时发布，是我国最早发布的指数。

再如**深证成分指数**，是以深圳证券交易所的 500 家有代表性的上市公司作为样本，用样本股的自由流通股作为权重，以 1994 年 7 月 20 日为基期，基点为 1000 点。

又如**创业板指数**和**科创 50 指数**，前者是从创业板股票中选取口均总市值排名靠前的 100 只股票组成样本股，加权计算形成的股价指数；后者则由科创板中市值大、流动性好的 50 只个股组成，反映最具市场代表性的一批科创企业的整体表现。

选取不同的样本股，并赋予不同的权重，就形成了各种不同的指数。国外市场的股票指数也是如此。例如我们常常引用的**道琼斯工业平均指数**，选取的是美国整个工商业最具代表性和影响力的 30 只股票。而它只是世界上历史最为悠久、也最具权威性和影响力的股票价格指数——道琼斯指数（Dow Jones Indexes）中的一员。

股票指数有什么用？

股票指数是由个股价格加权计算而来，主要是为了反映特定市场的总体情况。比如2007年10月16日，上证指数到达6124点的历史高位，就反映了当时市场投资者的情绪普遍高涨，而其后的持续下跌则预示着市场进入熊市。又如纳斯达克综合指数（NASDAQ Composite Index），由于其上市公司涵盖所有新技术行业，成为美国新经济的代名词。

股票指数不仅包括全市场的综合指数，也包括各类成分指数，比如常见的上证50（样本股为上海证券交易所规模及流动性综合排名前50的股票）、沪深300指数（样本股为沪市和深市两个市场规模及流动性综合排名靠前的300只股票），等等。此外，还有各种分类指数，比如工业指数、商业指数、地产指数、能源指数、消费指数、金融指数，等等。我们既可以通过大盘指数看总的行情，也可以通过分类指数来看板块和行业的走势。

而股票指数本身也可以成为一种投资标的。市面上有许多可供投资者购买的指数基金。股神巴菲特一向推荐普通投资者买标普500指数基金，并认为华尔街的绝大多数基金经理的投资业绩都跑不过标普500指数。指数基金是怎么回事儿呢？我们以沪深300为例，它选取的是沪市和深市规模大、流动性好的300只股票，而且会根据排名定期调整，也就是说，沪深300相当于一个股票池、且一直在优胜劣汰，买入沪深300ETF（Exchange Traded Fund）基金，就相当于等比例购买了所有这300只股票，收益跟沪深300的涨跌是同步的，持有的始终是中国股市最优秀的那些股票。相较购买个股，风险要小得多。

随着证券市场的发展，中国的投资者如果想要投资美国标普500 指数，并不需要到美国去开户，可以购买国内基金公司发行的标普 500 基金。类似的还有纳斯达克指数基金、中概股基金等等，同样，国外也有许多针对 A 股的指数基金。

由于市场始终存在多方（看涨）和空方（看跌），为了锁定风险，出现了股指期货这样的衍生品。专业投资者可以通过在现货和期货市场的逆向操作，控制风险。如果你感兴趣，可以去了解一下股指期货的交易方法。

股票指数涨跌与个股的关系

你可能常常听人抱怨"赚了指数不赚钱"，意思是说，指数涨了，但他的股票没涨。为什么会出现这种情况呢？

这是因为，股票指数受权重股的影响更大。

比如，贵州茅台长期以来都是中国股市第一高价股，在上证指数的计算中占有较大的权重，其涨跌与股指的涨跌有着更高的相关性，当茅台这类股票上涨时，其实很多小盘股都是跌的，因为对于一个存量市场，资金流向了权重股，小盘股自然就无人问津了。也就是说，因为权重股的上涨带动指数上涨，导致指数无法反映市场上多数中小盘股的涨跌。

再比如说，我国的创业板指数样本股只有 100 只，受权重股的影响更加显著。市值最大的几只个股，比如宁德时代、迈瑞医疗、智飞生物等很大程度上决定了创业板指数的走势。创业板指数甚至一度被戏称为"宁德时代指数"。也就是说，只要宁德时代等几只权重股大涨，其他大多数股票就算大跌，创业板指数多半也是涨的。

正是由于这个原因，很多时候股票指数跟你的个股涨跌确实没有太大关系。但总的来说，股票指数始终是我们判断市场行情的重要参考，也是反映宏观经济的晴雨表。

小结

1. 股票指数一般是以样本股的流通市值作为权重进行加权平均计算，世界各大证券市场都有代表性的股票指数。

2. 股票指数本身就是不错的投资标的。巴菲特一向推荐普通投资者购买指数基金。通过指数基金，投资者可以很方便地投资国内外股票市场。

3. 由于股票指数受权重股的影响更大，容易出现"赚指数不赚钱"的情况。但股票指数仍是判断市场行情的重要参考。

思考与实践

尝试通过网络找到本节提到的各大指数过去 10 年的走势图，比较其强弱及趋势，并思考其背后反映出的经济趋势。

3.5　买股票基金是比买股票更好的选择吗?

近年来，热衷于购买基金的投资人越来越多。可以说，投资基金已经成为当前最主要的理财方式之一。那么，基金到底是什么？买股票基金是比买股票更好的选择吗？

基金是什么?

基金一般是指具有特定目的和用途的资金。证券投资基金募集的资金是期望通过投资股票、债券等来获得收益。

按照资金募集的方式，如果基金公司是通过直销、第三方代销等方式公开发行，普通投资者都能购买的，就称为**公募基金**。相应地，只针对特定投资者发行的，就称为**私募基金**。因为购买私募基金的门槛较高，在此只讲公募基金。

基金产品的形态非常丰富，打开各个基金公司的网站或App，可以看到产品都不少，既有只投资股票的股票基金、只投资债券的债券基金，也有盯住各种指数的指数基金，还有既投资股票也投资债券的混合基金……

股票基金与股票有什么不同？

前面已经学过，股票是投资者持有特定企业股份的凭证。如果经过一定的研究分析，比较确信该企业在 3 ~ 5 年（甚至 5 ~ 10 年）仍有较大的成长空间，就应该买入企业的股票，并长期持有，分享企业成长的收益。比如，腾讯公司的股票 2004 年 6 月 16 日正式在香港挂牌上市时，发行价仅为 3.70 港元，仅用了 10 年时间，该股股价就飙升了将近 100 倍，而且至今仍在上涨。

股票基金通常不会只买某一家公司的股票，而是有一个股票组合。基金公司会给每个产品设定不同的投资方向、主题或范围，并在产品说明书中详细说明。基金经理会据此选择合适的股票，并分配不同的权重。比如腾讯公司的股票，可能会出现在不少与数字化主题相关的基金产品持仓中，买了这些基金，也就相当于间接投资了腾讯。

对于普通投资者来说，最难判断的就是企业成长的确定性与持续性。这时候，基金经理作为专业投资人就显示出了优越性。他们背后一般都有专业的研究团队，在投资一个股票之前，不但要阅读这个公司的年报和研究报告，还要实地进行调研，了解这家公司的产品、市场、管理团队和股东情况。在行业排名靠前的基金公司，基金经理还会与公司高层甚至董事长直接对话，获取一手信息，再作出决策。普通投资者因为对企业了解不足，一般很容易因为情绪波动而追涨杀跌。而好的基金公司会有一套投资方法和严格的投资纪律，受个人情绪影响的概率相对比较小。因此，有人曾经打过一个比方，个人投资者与基金经理竞争，好比是一个赤手空拳的人跟一个全副武装的人对抗，前者获胜的概率是很低的。

而在股票基金之外，我们还可以根据自己的风险偏好选择适合自己的基金产品。每一款基金产品对自己的投资组合都有详细说明，其中不乏包括银行同业存款、大额存单、短期国债、银行票据等很多普通投资者接触不到的金融工具，所以相对股票而言，基金为我们的投资提供了更大的空间。

怎样买股票基金更靠谱？

股票基金虽然相对股票有某些优势，但买股票基金也并不是无风险的行为。即便是明星基金经理管理的股票基金，也不是包赚不赔的，因为股票市场的波动不是任何人能控制的。

表3.3　明星基金经理的历史最大回撤记录

基金经理	职业年化	从业时间	生涯最大回撤
张　坤	26.08%	8 年	－32.98%
谢治宇	31.04%	8 年	－30.94%
朱少醒	23.41%	15 年	－58.91%
葛　兰	32.60%	5 年	－64.71%
曲　扬	19.73%	7 年	－45.07%
刘彦春	13.87%	11 年	－47.03%
刘格崧	26.55%	6 年	－62.89%
蔡嵩松	60.83%	2 年	－31.34%

　　但是，好的基金经理会通过专业的风险控制和投资管理，在不利的市场环境下，低价买入优质股票，以期在行情上涨时获得更高的收益。所以，从长期看，优质的基金产品更有可能实现穿越牛熊的业绩，带来良好的回报。如果把股票基金当股票一样高抛低吸，频繁换手，收益未必高于长期持有，因为择时对普通投资人来说是很难的，你以为的高点有可能是新一轮行情的起点。

　　如果某家基金公司旗下产品的整体业绩优势比较明显，那么可以基本认定公司的投资研究实力。再通过公开信息，了解基金经理的从业年限、管理过的产品和业绩、教育背景、投资理念和风格，如果你觉得可以信任，那么就可以考虑购买他／她管理的股票基金产品。

在首次购买基金时，一般会要求投资者填写问卷，评估自己的风险偏好，在购买相关的基金产品时也会提示风险等级是否相符。需要提醒的是，评估出来的风险等级未必准确，只有经过现实的洗礼你才能真正知道自己的风险承受能力。你可能觉得自己心理素质很强，但亏损到 10% ～ 20% 的时候就已经睡不着觉了，那你可能就不适合大量购买股票型基金，还是投资固定收益类基金（比如债券基金）、货币基金（比如余额宝）或者巴菲特推崇的指数基金比较合适。

在具体操作上，可以选择定期定额投资。比较常见的是每月定投，但有些银行也可以提供每周定投，甚至每天定投的服务。与一次性购买基金相比，基金定投具有以下几个优点：

1. 手续简单、省时省力

在进行基金定投时，只需要投资者在第一次购买基金时，设置好每次定投的时间与金额，保证银行卡资金充足即可。它会自动购买与扣款，不需要投资者每次手动购买。

2. 不用考虑时点，克服人性弱点

定投是一个长期的投资，投资者不必在乎进场时点，不必在意市场价格，避免了因为情绪干扰作出非理性决策。

3. 复利效果

基金定投时，收益转再投资，实现利滚利效应。长期投资，能享受复利带来的财富增长乐趣。

4. 起点很低，渠道很多

目前，基金定投渠道很多，如网上银行、手机银行、基金网、余额宝、理财通等。定投起点也很低，有的最低 10 元即可开启定投。

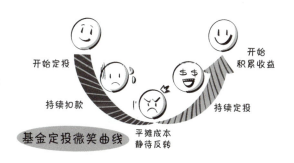

基金定投适合有稳定现金流的投资者，如果你手头有大笔现金，分期定投反而会导致资金使用效率不高。另外，基金定投适合长期投资，对短期投资意义不大。

如果准备做基金定投，也可以注意一下时点和操作技巧。首先，最佳的配置时间是市场低点，你无需等待最低点，因为没人知道最低点在哪里，此时定投就是非常明智的行为，不仅能够摊薄成本、分散风险，而且，也避免了完全空仓然后完美错过市场的反弹。其次，可以设置一个合理的盈利目标，牛市比较疯狂的时候及时获利终结。

此外，我们也可以根据自己的需求投资多个基金，构建自己的基金组合，更好地达到自己的投资目标。比如，日常零用的钱可以购买货币基金（比如余额宝），三五年不用的闲钱可以购买股票型基金，每个月用一部分工资定投指数基金。

1. 跟普通投资者相比，公募基金在投资研究、投资工具和投资品种等方面的优势非常明显。

2. 挑选基金的时候，要搞清楚基金的投资范围、收益与风险水平、基金经理的风格与能力等信息。

3. 基金是长期投资的工具，我们可以采用定投等方式，实现财富的增长和积累。

试着打开微信或者支付宝的基金页面，了解里面都有些什么基金。如果你来选择的话，会怎样构建自己的基金组合，原因何在？

3.6　买同一家公司发行的股票和债券有什么不同?

　　东周的最后一位国王周赧王在位期间，秦国开始壮大，眼看就要灭周了。周赧王没办法，只好向辖区内的富户筹借军饷，答应周军凯旋的时候，用战利品偿还。不料，周王室出兵无功而返，富户纷纷来向赧王讨债。赧王只好躲到宫后的一个高台躲债，"债台高筑"这个成语就是由此而来。

　　如果历史可以重来，赧王也许会想办法把那些富户变成自己的股东，许诺凯旋之后给大家分封，这样他就不用躲债，没准大家一起努力，周朝也不至于灭亡。

　　如果把周赧王当成公司的所有者，在资金不足时，他想到的办法是借债，而他还可以用的办法是发行股票。让我们来看看两者有什么不同。

公司为什么要发行债券?

　　发行债券，是为了筹措资金以达到某种目的。对于政府来说，发行债券是为了筹措资金以弥补财政赤字和扩大公共投资；对于金融机构来说，发行债券主要是为了增加资金以扩大贷款规模；而对公司来说，发行债券的目的则是多方面的。

1. 扩大资金来源

　　除了自身资本增值积累之外，公司可以通过间接融资（如银行贷款）和直接融资（如发行股票和债券）的方法获得资金。只

175

要公司满足相关条件，发行债券可以扩大公司的资金来源。

直接融资（Direct Financing）和
间接融资（Indirect Financing）

直接融资是指没有金融中介机构介入的资金融通方式。商业信用、公司发行股票和债券，以及公司之间、个人之间的直接借贷，均属于直接融资。

所谓间接融资，是指资金供求双方通过金融中介机构间接实现资金融通的活动。银行的存贷款业务是典型的间接融资。

2. 降低资金成本

比起银行贷款的苛刻条件，公司债券的条件相对宽松。加上债券具有安全性特点，价格波动比较平缓，到期投资者不仅可以收回本金，收益也比较稳定，因而债券利率可以定低一点，使公司筹集资金的成本相对较低。

3. 减少税收支出

公司债券利息属于经营费用，可以从公司应纳税项目中扣除，因此发行公司债券可以减少税收支出。

4. 公司发行债券一般不会影响股东对公司的控制权

债券购买者同公司的关系是债权债务关系，他们一般无权过问公司管理，不会改变公司股东的结构。这是公司发行债券与股票之间的重要区别。股票虽然不用还本付息，但是会影响现有股东对公司的控制权。

买股票与买债券有什么不同?

对于投资者来说，买股票成为公司的股东与买债券成为公司的债权人有什么不同呢?

表 3.4 股票与债券的区别

	股　票	债　券
性　质	股权凭证，有权参与公司决策； 股权到达一定份额会影响公司的实际控制权	债务凭证，有权到期获得利息收回本金； 一般无权过问公司的经营管理
投资期限	无固定期限	债券票面约定的期限，如三年期、五年期等
投资收益	分红； 通过二级市场卖出获得差价	持有到期，连本带利一起收回； 到期之前通过二级市场卖出获取差价
本金偿还	本金不还	到期即还
投资门槛	最少 100 股	最少 10 张债券，以面值 100 元计为 1000 元
流动性	高，可随时变现	高，可随时变现
风　险	风险相对较高，股票价格可能剧烈波动； 分红有不确定性	风险相对较小，到期收回本息，不受公司经营状况影响； 如果公司破产清算，一般有权优先清偿

从上表可以看出，公司债券的风险一般小于股票，因为公司发行债券是要满足一定的条件的，比如：公司债券发行人应当具备健全且运行良好的组织机构、最近三年平均可分配利润足以支付公司债券一年的利息、应当具有合理的资产负债结构和正常的现金流量，等等。但经济形势瞬息万变，公司的经营状况也可能发生意想不到的剧烈变化，比如突如其来的新冠疫情就使很多公司陷入困境。因此债券市场也存在一定的违约风险。

为此，就有专门的信用评级机构（如世界著名的标准普尔公司和穆迪公司等），对发行债券的公司及其发行的债券按期还本付息的可靠程度进行评估，并标示其信用程度的等级。长期债券评级分为三等九级，从高到低分别为 AAA、AA、A、BBB、BB、B、CCC、CC、C。一般来说，在其他条件相同的情况下，信用等级越低，债券风险越大；风险越大，利率越高。"垃圾债券"（Junk Bond）的利率最高，虽然发行者信用评价很差，破产可能性较大，但仍然有人愿意冒风险火中取栗，如果债券变得一文不值，也只有自吞苦果。

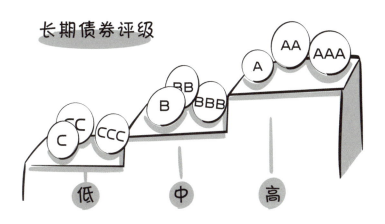

长期债券评级

可转换为股票的债券——可转债

可转换公司债券（Convertible Bond，简称"可转债"）是债券的一种，它允许购买人在规定的时间范围内将购买的债券转换成指定公司的股票。

可转债首先是一种公司债券，具有确定的债券期限和定期利率，为投资者提供了稳定利息收入和还本保证，只是通常票面利率较低。投资者既可以行使转换权，将可转债转换成股票，获得股票上涨的收益，也可以放弃这种转换权，持有债券到期。

大部分可转债的存续时间是 5～6 年，如果到期赎回，通常利率为年均 2%。这是公司和投资者都不愿看到的。对于投资者来说，2% 的利率太低，而对公司来说，把可转债的投资者转成公司股东可以避免短期内面临巨大的偿债压力。因此，大部分公司都会以各种方式刺激投资者把可转债转为股票。

相对于股票，可转债有保底的利息，在熊市跌得比股票要少，在牛市可以比肩股票的涨幅。在我国，自从 1992 年第一只可转债——保安转债发行以来，几乎所有成功转股的可转债都是保本的。如果以低于面值 100 元的价格买入，更是可以无风险套利。由于可转债实行的是不设涨跌幅限制的 T+0（T 是 Transaction 的简称，T+0 是指当天买进可以当天卖出）交易，所以它具有下跌有限、上涨无限的特性。当然，可转债也存在不小的风险，比如发行人可能会要求在特定条件下强制赎回，等等。如果你感兴趣，可以自己去做一下系统的研究。但在研究之前，不要贸然入市，记得投资有风险，入市需谨慎哦！

小结

1. 发行公司债券是公司筹资的重要方式之一。

2. 对于投资者而言，投资一家公司的股票和债券在收益及本金安全性、投资准入门槛以及投资期限上都存在差异，投资者需要依据个人风险偏好以及资金使用需求进行合理化配置。

3. 公司债券虽然相对风险小，但也存在违约的信用风险，由专业机构发布的债券信用评级为投资者提供了一个较为有效的风险评估标尺。

4. 可转债是一种既有债权属性又有股票期权属性的金融产品，值得深入研究。

思考与实践

你知道还有一种类似债券的股票叫优先股吗？请查阅相关资料，绘制一张表格，列出它与债券、可转债的异同点。

3.7　该不该把人民币换成美元或者黄金？

还记得 2020 年 2 月新冠疫情刚刚暴发的时候吗？恐慌情绪不断发酵，全球范围内几乎所有能变现的资产都在快速下跌，严重缩水。面对市场的恐慌情绪，人们纷纷寻找能保值的资产，不少人想到把手里的钱换成美元或者黄金。

可是美元和黄金就一定能保值吗？

美元、黄金与人民币有什么不同？

美元和黄金是公认的避险资产。

避险资产（Safe Haven Assets）

资产按照安全性分为两类：一类是风险资产，是指未来收益率不确定且可能招致损失的资产，如股票；另一类称之为避险资产，指随着市场变化，价格不会波动太大的，比较稳定保值的资产。

人们通常认为，包括黄金白银为代表的贵金属和美元、欧元、日元、瑞士法郎等主要国际货币，以及几个国家的长期债券，等等，都可以成为避险资产。当市场急剧动荡的时候，投资者就会为资金寻找避险资产，以免遭受巨大的损失。风险过去之后，资金又会从避险资产中转出，去寻找更高收益的投资渠道，比如股票、大宗商品等。

美元和黄金为什么能避险呢?

我们先来看美元。美元有今天的地位缘于1944年在布雷顿森林会议上建立的货币体系（详见本书1.3）。美元由此成了国际通行的某种意义上的硬通货。虽然到了20世纪70年代初，由于日本、西欧的崛起，美国经济实力相对削弱，无力承担稳定美元汇率的责任，相继两次宣布美元贬值，导致各国纷纷放弃本国货币与美元的固定汇率，采取浮动汇率制。以美元为中心的国际货币体系瓦解，美元地位下降，但时至今日，美元仍被公认为避险资产。这是因为：首先，美国仍是全球第一大经济体，强大的经济和军事实力是美元作为避险资产的物质基础。其次，美元仍是当今世界最主要的国际结算货币，大部分国际贸易都以美元作为计价单位开展结算，大宗商品如石油仍然都是以美元计价，一旦

183

发生风险，市场往往将其他货币或者资产兑换成美元，美元的自由流动使其成为避险货币最方便的选择。再次，美元是当今世界头号储备货币。世界各国的中央银行都以美元作为外汇储备的第一选择，在 2008 年金融危机高峰时期，美元就作为最安全资产而受到全球投资人的追捧。而一种货币能否避险，最重要的就是看它在国际市场发生变化时，汇率能否保持相对稳定，美元无疑具有一定的避险性。

　　再来看黄金。中国有句老话，叫"盛世古董，乱世黄金"，这是对黄金避险功能的形象描述。黄金怎么就成了古往今来世界各国所公认的避险资产呢？首先，黄金本身就具有价值，相对于基于国家信用才有价值的纸币，黄金最为可靠，不存在所谓信用风险，是真正的硬通货。其次，黄金在全球的保有量是有限的，具有稀缺性，能够保值抗通胀。世界各国的央行都有黄金储备，美联储的黄金储量全球第一。再次，每当市场上有风吹草动，黄金的价格就会出现不同程度的上涨。所以，黄金也具有避险性。

随着中国经济的发展，人民币的国际地位快速上升，币值也相对稳定，越来越多的国家将人民币作为储备货币，我们与周边国家的国际贸易中使用人民币的比重也越来越高。但是由于尚未实现资本项目下的自由兑换，人民币还不能成为全球范围的避险选择。

把人民币换成美元、黄金有没有风险？

如果要把人民币兑换成美元，一般在银行网点、网站或手机App 都可以办理。只是需要先填写一张购汇申请书，据实申报用途，在规定的额度内可以随时兑换。但所兑换的美元是不得用于境外买房、证券投资、购买人寿保险和投资分红类保险等尚未开放的资本项目的。

如果要把人民币换成黄金，既可以买金条和金饰品等实物黄金，也可以购买黄金 ETF 等交易类黄金产品。

但是，把人民币换成美元和黄金以后，我们的资产是不是就没有风险了呢？

还是先看美元。一旦将手中的人民币换成了美元,我们就要承担美元贬值的风险。2020 年,美国为了对抗疫情造成的经济萎缩,往市场上大量投放美元,造成了美元贬值。拉长时间看,在过去的 30 多年时间里,美元指数也没有呈现长期向上的趋势,所以,如果你长期持有美元的话,折算成人民币的收益并不高。

此外,如果你希望用手中的美元投资理财,还会遭遇理财困境。第一,美元的理财渠道没有人民币的多,且受制于国家的外汇管制措施,理财门槛相对较高。第二,美元理财的平均收益率低于人民币理财。国内美元计价的理财产品的收益率很低,主要集中在 1% ~ 3% 区间,明显低于以人民币计价的理财产品。

再看黄金。虽然黄金本身作为贵金属,具备绝对的价值,但另一方面,黄金的相对价值还是会受到市场供需关系的影响,存在下跌的可能。我们看过去 20 年的黄金价格走势,金价至今没超过 2008 年前后的高点。如果你 20 年前投资黄金,持有到今天,可能涨了四五倍,也算不错,但把时间拉得更长一点看,20 世纪三四十年代,几根金条就可以在上海市中心买到豪宅,现在十倍的金条也买不到类似的房子了。

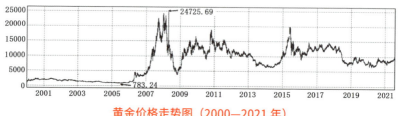

黄金价格走势图(2000—2021 年)

因此，美元和黄金虽然适合作为避险资产，但它们并不是好的长期投资品种。

此外，把人民币换成美元和黄金以后，一旦遇到了紧急情况需要用钱时，还需要到银行或者金店换成人民币。所以利用美元和黄金来避险时，我们也要考虑它们的流动性风险。

所以，该不该把人民币换成美元或黄金，不能一概而论。既要考虑到总体经济形势，也要结合自己的实际情况，作出最明智的选择。

1. 市场急剧动荡的时候，人们会寻求更多的避险资产，黄金和美元是当今世界两大避险资产。

2. 美元和黄金不是最好的长期投资品种。相对人民币来说，美元并不是一直贬值的，而黄金长期来看也没法跑赢房产、股票等投资品。

你家兑换过美元或者购买过黄金作为避险资产吗？跟家人讨论一下，当时是怎么考虑的，现在来看，当时的决策正确吗？

3.8　要不要买彩票碰碰运气?

2012 年，某大学彩票研究中心曾做过一次调查，我国买过彩票的人数超过两亿人，其中约有 700 万名问题彩民，43 万人重度购彩成瘾。

彩票可以为特定的目的筹集资金，有它存在的价值。对于彩民来说，我们应该怎么看待"中大奖"这样的小概率事件?

人们为什么要买彩票?

彩票之所以能在世界各地大行其道、长盛不衰，有人这样归纳其背后的心理因素:"彩票能用人人平等而又合理合法的方法，来满足人类天生具有的摆脱道德责任的欲望，即中奖者不会因为一夜间暴富而有任何不安的心理负担，而彩票的受助者也因为双方互不见面而不会产生任何道德的责任或义务。"

归纳起来，一般人购买彩票无非出于以下几个动机:

首先，最普遍的动机，肯定是为了中奖。彩票给了许多人改变自身命运，获得美好生活的希望。现在需要花钱的地方实在太多，就拿买房来说，如果只靠死工资，不吃不喝可能也得熬上几十年才买得起，于是不少人将一夜暴富、改变命运的希望寄托在彩票上。暴富的诱惑是许多人不能抗拒的，尤其是觉得光靠努力难以改变命运的群体。相关调查数据表明，低收入地区，比如城中村、城郊等，彩票店的密度往往要大于其他地区。

其次，买彩票花不了几个钱，不用付出很大的代价，不用承担多大的风险。双色球、大乐透等彩票，买一个号只要花 2 元钱。万一中大奖，就会有数百万元的收入，即使没中奖，损失不过 2 元钱，一年买 100 次也不过 200 元钱，这点损失大家几乎都能承受。

再次，不少人买彩票还有娱乐的动机。每年数以亿计的球迷购买足彩在很大程度上就是一种自娱自乐。近年来，足球竞彩已经和双色球并驾齐驱。虽然买足彩也有发家致富的用意，但更多是球迷对足球运动表达热爱的一种方式，也为球迷间相互交流、竞猜比赛胜负、切磋足球问题提供了平台。当然，有些彩迷基于对某国足球联赛与某支球队的深入了解，练就了预测比赛胜负的本事，提高了彩票的中奖率，也可能获得不错的理财收益。

此外，中老年群体也喜欢购买彩票，他们购买彩票的金额相对较低，但是频率却要高一点。对于这些中老人来说，能否中奖不太重要，买彩票更多是为了活动身体，找个乐子以调剂生活。

最后，人们买彩票还有公益慈善的动机。我国彩票发行的初衷就是为社会公益和体育事业筹集资金。对很多彩民来说，做公益不仅仅是一种姿态，它已经内化成为日常习惯，成为生活中的一部分。公益不分大小，彩民们日复一日地购买彩票，本身就是在为社会作贡献。

不能基于小概率事件决策

买彩票中大奖的概率究竟有多大？以常见的双色球与大乐透为例。

双色球是根据 6 红 1 蓝 7 个球摇出的数字组合确定中奖号码。一、二等奖的奖金是浮动的，一等奖为 500 万元左右，中一等奖的条件是 7 个数字必须全部命中，其概率约为 1/17720000，大约是一千八百万分之一。二等奖奖金一般在 6 万～60 万元之间，中奖概率是 1/1181406，大约是百万分之一。三等奖一般只有 3000元，中奖概率 1/109389，十万分之一。换句话说，平均买 10 万注双色球才能中一次三等奖，也就是花 20 万元中 3000 元。

大乐透的中大奖概率大约是 1/21420000，要中这个大奖有多难？上海 2020 年常住人口 2400 万，人手一张大乐透，能中大奖的只有一个幸运儿。全国 14 亿人，能中大奖也不过 60 多人。

由此可见，买彩票中大奖绝对是一个极小概率事件。但是，人们倾向于对自己抱有侥幸心理：大奖总会有人中，为什么就不能是我？而对于闯红灯乱穿马路出车祸之类的坏事，人们则会选择性地认为，这样的小概率事件，怎么可能让我碰到呢？趋利避害是人的本性，但经常性、习惯性地基于小概率事件展开决策是非常不理性的。我们要清醒地认识到，买彩票大概率就是捐款，不会增加你的财富。许多人之所以不重视买彩票的风险，实在是因为一注彩票的花费太低，但要是长期买彩票，也不是一笔小数目。我们在本节开头提到的问题彩民，甚至购彩成瘾的重度问题彩民，他们终日徘徊于彩票店，研究彩票数字组合的走势，几近走火入魔，投注的金额也是与日俱增。更有甚者，走上犯罪道路，用公款大量投注彩票，结果人财两空，锒铛入狱。所以说，把自己的幸福寄望于"中大奖"，结局基本都是不幸的。

有许多人沉迷于研究彩票，希望找到以小博大的窍门，绝大多数都以失败告终。历史上确实有人动用大量的电脑和人工，研究出过针对某类彩票的提高中奖率的方法，但这类违反彩票原则的做法很快就会被发现并失效。

中了大奖就一定幸福吗？

退一步说，就算你真的中大奖了，就一定能"从此过上幸福美好的生活"吗？事实并非如此，据统计，为数不少的中奖者会在短短几年之内把奖金挥霍一空，甚至惹上毒瘾或者赌瘾，最终家破人亡。

同样是 100 万元，一种是你辛苦工作省吃俭用十年攒下来的，另一种是你随手在路边花两元买彩票中的，你对待它们的态度会一样吗？大概不会吧。花前一个 100 万元的时候，你会精打细算，而后一个 100 万元，你就会随意得多。其实这两个 100 万元的购买力是完全一样的，为什么你会区别对待呢？

行为心理学有个"心理账户"的概念，所谓心理账户，是相对我们的财务账户来说的。在财务账户中，一元钱就是一元钱，不同的一元钱可以互相替代。而心理账户其实是一种认知幻觉，我们对不同心理账户的钱是区别对待的。

心理账户（Mental Accounting）

最早由诺贝经济学奖得主、芝加哥大学教授理查德·塞勒首次提出。他认为，除了钱包这种实际账户以外，在人的头脑里还存在着另一种"心理账户"。人们会把在现实中客观等价的支出或收益在心理上划分到不同的账户中。

所以，我们会把辛苦赚来的钱和意外获得的钱放到不同的心理账户中。所以"来得快"的钱去得也快。因此，想要中大奖的人理性、节制、精打细算地用好这笔钱，是很违背人性的事情。这可能就是为啥大部分获奖者都会很快把钱挥霍掉的原因。

把钱花光还是小事，关键是有了这次的侥幸中奖，此后再要踏实工作"赚小钱"就很难了，总想着有一天能再来一次大奖，不少中大奖的人真的后来都沾上了赌瘾，一次次地希望好运再次光临，使自己的人生从喜剧变成悲剧。

所以，我们买彩票，可能还是要回归彩票的"初心"，买彩票不全是在"利己"，它也有促进社会公益事业的"利他"的一面。花钱买彩票，也是人们回报社会的一种方式。

小结

1. 彩票可以为特定的目的筹集资金，有它存在的价值。彩票的设计符合人的普遍心理需求，因而在世界各地长盛不衰。

2. 我们应该理性地看待彩票，中大奖是极小概率的事件，抱着随手做公益的心态买彩票，可能你会更加容易满足。

3. 彩票中大奖的人也未必一定幸福，这其中有"心理账户"的因素在作怪。

思考与实践

你周围有彩民吗？不妨了解一下他们买彩票的初衷和投资收益情况。

3.9 投资理财的收益及费用

银行定期存款或债券通常都会清楚标明期限和利率，让我们可以很清楚地知道到期的收益。但是如果想买基金或理财产品，打开相关 App 或网站时，除了产品名称、起购金额等之外，常常会看到年化收益率、万份收益、预期收益率、申购费用、赎回费用等一堆名词，你知道这些是什么意思吗？

了解理财的收益率

下面是某银行的理财产品列表，其中标注了预期收益率。

表 3.5 某银行理财产品列表

产品名称	（预期）收益率 / 净值	期限	起点金额	性 质
浦惠久久（邀约专享）	4.00%	88 天	50000	非保本浮动
高资产净值同享盈增利之新客理财计划	4.05%	91 天	1000000	非保本浮动
高资产净值同享盈增利之悦享 123 天计划	3.96%	123 天	1000000	非保本浮动
同享盈增利 88 天（分行专属）	4.00%	88 天	10000	非保本浮动

通俗地说，收益率就是投资之后得到的回报率，收益率 = 收益 / 本金 ×100%。如果投资了 10 万元，最后收益是 2 万元，收益率就是 20%。表 3.5 中"浦惠久久"产品标注的预期收益率是 4%，假设投入 5 万元，88 天到期后，如果能实现预期收益率，

则该理财的实际收益 ＝ 50000×4.00%÷365×88 ＝ 482.19 元，
而不是 2000 元（50000×4.00%），因为 4% 指的是年化收益率。

年化收益率（Annualized Rate of Return）

年化收益率是把当前收益率（日收益率、周收益率、月收益率）换算成年收益率来计算的，是一种预期收益率，而非实际收益率。一般来说，不同期限的预期收益率的高低，只有在年化之后才能比较。

在现金类理财产品的页面中，会经常看到"**七日年化收益率**"，即最近 7 天的平均年化收益率。因为这类产品每天的收益率都会有所变动，所以用最近 7 天的收益率来取一个平均值，可以更容易看到该产品在某一时期内的收益率高低。"30 日年化"也是同样的道理。

常见的还有"**万份收益**"，就是 10000 元钱，1 天收益多少钱。举个例子：10000 元按照 5% 的年化收益率算的话，一年之后可以得到 10000×5% = 500 元，而每日收益为 500÷365 = 1.37 元。5% 的年化收益率对应的万份收益是 1.37 元。

如表 3.5 所示，理财产品说明上一般都能看到**预期收益率**，这是银行等金融机构在发行理财产品时对产品最终收益率的预估值，并不是到期的兑现收益率。我们知道，银行的理财产品不再保本保收益，到期的回报可能低于预期，甚至出现亏损。因此，购买理财产品时，不能迷信预期收益率，而忽视了风险。要根据自己的风险承受能力选择对应的理财产品。

还有一些理财产品为了吸引投资人购买会故意混淆不同期限的收益率。比如，16 个月到期的理财产品，预期回报率是 5%，这时候一定要问清楚是年化 5% 还是 16 个月总共 5%。如果是 16 个月 5%，年化就只有 3.75%。

理财产品中还有所谓固定收益类产品，是指投资的主要方向是银行定期存款、协议存款、国债、金融债、企业债、可转换债券、债券型基金等固定收益类资产。一般来说，这类产品的收益不高，但比较稳定，风险也比较低。但如果产品说明书中写明可能有少量投资于股票的话，产品的收益就可能存在小幅波动，而不是固定的。

认识投资理财的费用和税收

1. 股票交易手续费

股票交易手续费是指投资者在委托买卖股票时应支付的各种税收和费用，主要包括印花税、佣金和过户费。

印花税是股票成交金额的 1‰，只在股票卖出的时候收取，证券公司代扣后由交易所统一上缴财政部。

交易佣金是投资人在买进卖出股票时都要支付给证券公司的费用，收取的比例从 3‰ 到 0.1‰ 不等，证券公司对大资金量的客户会给予降低佣金的优惠。现在大部分证券公司都能给客户万分之 2.5 的最低佣金优惠，佣金不足 5 元时按 5 元收取。

过户费是指股票买卖成交后，投资人因更换户名所需支付的费用，为交易金额的 0.002%，买卖双方都要收取。

上述费用中，只有交易佣金是可以跟证券公司争取优惠的，所以投资者比较重视。这些费用看上去不多，但频繁买卖股票的话，也会积累成不小的比例。

2. 基金的申购费、赎回费与运作费

以下是某开放式基金 ① 的费率表。

---

① 开放式基金（Open-end Funds）又称共同基金，是指基金发起人在设立基金时，基金单位或者股份总规模不固定，可视投资者的需求，随时向投资者出售基金单位或者股份，并可以应投资者的要求赎回发行在外的基金单位或者股份的一种基金运作方式。

表 3.6　申购费率

收费方式	条　件	费　率
前　端	申购金额＜ 50 万元	1.50%
	50 万元≤申购金额＜ 200 万元	1.20%
	200 万元≤申购金额＜ 500 万元	0.80%
	申购金额≥ 500 万元	1000 元 / 笔

表 3.7　基金赎回费率

条　件	费　率
持有期限＜ 7 日	1.50%
7 日≤持有期限＜ 30 日	0.75%
30 日≤持有期限＜ 365 日	0.50%
持有期限≥ 365 日	0.00%

表 3.8　基金运作费

基金管理费	1.50%
基金托管费	0.25%

申购费是我们在购买开放式基金时一次性支付给销售机构的交易费用。

股票型 / 混合型基金的申购费一般为 1.5%，最高不超过 5%，购买金额越大越便宜。申购的费用因渠道而异。在银行柜台购买最贵，一般为 1.5%；证券公司也代理基金销售，可以在开通基金交易账户以后购买，申购费有时能打折，从 0.6% 到 1.5% 不等；通过网上银行购买银行代销的基金品种，有时也能打折，最低申购费可以达到 0.6%；还可以通过基金公司直销渠道购买，一般申购费都打四折即 0.6%。

货币型基金通常没有申购费，债券型基金的申购费一般为 0.8% 左右。

赎回费是基金持有人卖出基金所支付的手续费。

赎回费由基金公司收取，并计入基金资产。股票型 / 混合型基金的赎回费一般为 1.5%，持有时间越长费用越低，有的甚至免费；货币型基金一般也不收赎回费；债券型基金一般小于 7 天会收 1.5% 左右，大于 7 天一般不收费。

基金运作费中包含基金管理费和基金托管费，前者是支付给基金管理人的管理报酬，后者支付给作为第三方的基金托管人——银行。在基金每日公布的净值中已经扣除了相关费用，就像银行理财的预期收益里面已经扣除了相关费用一样。

跟股票相比，基金的买进卖出费用要高不少。不过，也有可以在证券公司股票交易账户上购买的基金，如封闭式基金[①] 和 ETF、LOF[②] 基金，场内买进卖出都按照股票收取佣金，一般为 2‰，还不收印花税。

除了银行理财、股票和基金，我们在第二章还讲过外汇的买入价和卖出价，两者之间的价差是银行的利润，也就是我们的费用。买卖黄金等贵金属的买卖价差，也是我们的成本。

搞清楚投资理财的收益率和相关费用，是我们明明白白投资的基础。不论做什么投资，先要对收益、风险和费用了然于心，

[①] 封闭式基金（Closed-end Funds），是指基金发行总额和发行期在设立时已确定，在发行完毕后的规定期限内发行总额固定不变的证券投资基金。封闭式基金的投资者在基金存续期间内不能向发行机构赎回基金份额，基金份额的变现必须通过证券交易场所上市交易。

[②] LOF 是指在证券交易所发行、上市及交易的开放式证券投资基金。

再选择适合自己的投资品种。

1. 在收益率指标中，我们关键要理解年化收益率和预期收益率的含义。

2. 股票、基金、外汇、黄金，各类投资品都有手续费，在投资前应了解清楚，选择比较经济的投资渠道。

你家买了什么样的投资理财产品，了解一下其收益和费用情况，你能想到一些节省费用的方法吗？

3.10 投资有风险

通过之前的章节，相信你已经认识到没有只赚不赔的投资。换句话说，投资都有风险，只是大小不同。因此，在 App 上买理财产品或基金，一般会提示你注意产品的风险等级。去银行买理财产品，客户经理也会事先了解你的大致状况，判断你的风险承受力后再推荐相应的产品。

那么，你了解自己能冒多大的风险吗？先来做个自我评估吧！

评估自己的风险承受能力

对于想要新开股票账户或尝试购买某种金融新产品的投资者，都需要先做一份风险测评问卷。问卷的内容一般包括年龄、投资资金占家庭总资产的比例、对收益率的要求、对亏损的容忍程度、投资目标、投资经验、投资知识储备，等等。填写完成后，系统会自动评估你的风险承受能力，提示你选择跟自己的风险承受能力相匹配的投资产品（附件是中国证券业协会的一份《个人投资者风险承受能力评估问卷》模板，可供参考）。

根据对待风险的不同态度，一般将投资者分为风险厌恶、风险中性和风险偏好三个类型。低风险的固定收益类产品、货币基金等适合风险厌恶型投资者；风险和收益适中的产品，比如可转债、偏债类基金以及一些波动幅度较小的股票等，适合风险中性的投资者；而大部分的股票、私募股权投资、衍生品交易等品种则适合风险偏好型投资者。

风险厌恶（Risk Aversion）

经济学、金融学和心理学的概念，用来解释在不确定状况下消费者和投资者的行为。一个风险厌恶的投资者会选择将钱存在银行以获得较低但确定的利息，而不愿意将钱用于购买股票，在获得高的期望收益的同时承担损失的风险。

为可能的风险做准备

之前我们提到，买股票的主要风险在于公司盈利能力的不确定性，买债券的主要风险在于可能遭遇违约，这些风险可能只发生在某个行业或对某个公司的证券产生影响，不是整体宏观层面的风险，因此投资者可以通过分散投资消弭这部分风险，就是我们常说的"不要把鸡蛋放在同一个篮子里"。

与可分散风险（又称**非系统性风险**）相对的，是系统性风险。一旦发生**系统性风险**，绝大部分行业和证券价格都会受到影响。比如 2020 年上半年，随着新冠疫情暴发造成的恐慌加剧，资本市场反映剧烈，美股连续熔断，作为避险资产的黄金也出现大跌，原油甚至出现负的价格，这就是典型的系统性风险。类似的还有 1929—1933 年的美国大萧条和 2008 年的国际金融危机。

系统性风险对市场上所有的投资者甚至是普通人的生活都会产生重大影响，它几乎无法通过分散投资来加以消除。系统性风险发生的频率一般不会太高，有些专业投资者长期在市场上做空，就是赌系统性风险的偶然发生——一旦发生大的危机，可以大赚一笔。而对大部分人来说，应对系统性风险的办法是未雨绸缪——在自己的投资组合中，记得要有一定比例的低风险或无风险金融产品，可以随时变现，保证自己即使在遇到大危机时也能相对衣食无忧，从容应对。

理解风险与收益的关系

风险和收益是一对孪生兄弟。同样的信息，有人看到了风险，有人看到了机会。每一笔交易，都呈现了买卖双方对风险和收益的分歧。从理论上讲，没有任何风险的资产是不存在的，低风险的收益率注定是不高的，高收益率往往意味着要承担更高的风险。

对于专业投资人来说，核心竞争力在于通过对收益和风险的分析研究，把握两者不匹配时带来的超额收益机会，通过承担相对较低的风险，去获得相对高的回报。在美剧《亿万》(Billions)里的男主角鲍比就是如此。与普通人几乎都厌恶风险，一旦发现风险，就会千方百计把风险切割出去不同，鲍比追求的是与风险相伴，但是要对风险进行深刻认知，在没有深刻认知风险之前，一刻都不会停下来。通过承担能够深刻认知的风险，去发现市场预期差的机会，是鲍比获取超额收益的重要原因。

当然，对于大部分人来说，重要的是理解风险和收益一体两面的关系，并遵守我们在之前章节反复强调过的投资原则，尽量将风险控制在自己能够承受的范围内：（1）选择跟自己的风险承受能力匹配的产品；（2）分散投资，"不要将鸡蛋放在同一个篮子里"；（3）注意投资产品的期限匹配，不要"短钱长投"，也不要"长钱短投"。

小结

1. 根据对待风险的不同态度，可以将投资者分为风险厌恶、风险中性和风险偏好三个类型。

2. 分散投资可以应对非系统性风险。应对系统性风险，则需要未雨绸缪。

3. 收益越大，风险越大。专业投资人可以与风险共舞，而大部分人要做的是尽量将风险控制在自己能够承受的范围内。

思考与实践

请填写附件的《个人投资者风险承受能力评估问卷》，测试一下自己的风险偏好程度，并思考哪些投资品种可能更加适合你。

附件：

个人投资者风险承受能力评估问卷（试行模板）

风险提示：证券投资可能获得比较高的投资收益，但也存在比较大的投资风险，请您根据自身的风险承受能力，审慎作出投资决定。

尊敬的投资者：

为了便于您了解自身的风险承受能力，选择合适的投资产品和服务，请您填写以下风险承受能力评估问卷。下列问题可协助评估您对投资产品和服务的风险承受能力，请您根据自身情况认真选择。评估结果仅供参考，不构成投资建议。为了及时了解您的风险承受能力，我们建议您持续做好动态评估。我们承诺对您的所有个人资料保密。

1. 请问您的年龄处于：

A. 30 岁以下；　　　　B. 31～40 岁；　　　　C. 41～50 岁；

D. 51～60 岁；　　　　E. 60 岁以上。

2. 您家庭预计进行证券投资的资金占家庭现有总资产（不含自住、自用房产及汽车等固定资产）的比例是：

A. 70% 以上；　　　　B. 50%～70%；　　　　C. 30%～50%；

D. 10%～30%；　　　　E. 10% 以下。

3. 进行一项重大投资后，您通常会觉得：

A. 很高兴，对自己的决定很有信心；

B. 轻松，基本持乐观态度；

C. 基本没什么影响；

D. 比较担心投资结果；

E. 非常担心投资结果。

4. 如果您需要把大量现金整天携带在身的话，您是否会感到：

A. 非常焦虑；　　　　B. 有点焦虑；　　　　C. 完全不会焦虑。

5. 当您独自到外地游玩，遇到三岔路口，您会选择：

A. 仔细研究地图和路标；

B. 找别人问路；

C. 大致判断一下方向；

D. 也许会用掷骰子的方式来作决定。

6. 假设有两种不同的投资：投资 A 预期获得 5% 的收益，有可能承担非常小的损失；投资 B 预期获得 20% 的收益，但有可能面临 25% 甚至更高的亏损。您将您的投资资产分配为：

A. 全部投资于 A；　　　　　B. 大部分投资于 A；

C. 两种投资各一半；　　　　D. 大部分投资于 B；

E. 全部投资于 B。

7. 假如您前期用 25 元购入一只股票，该股现在升到 30 元，而根据预测该股近期有一半机会升到 35 元，另一半机会跌到 25 元，您现在会：

A. 立刻卖出；　　　　　　　B. 部分卖出；

C. 继续持有；　　　　　　　D. 继续买入。

8. 同上题情况，该股现在已经跌到 20 元，而您估计该股近期有一半机会升回 25 元，另一半机会继续下跌到 15 元，您现在会：

A. 立刻卖出；　　　　　　　B. 部分卖出；

C. 继续持有；　　　　　　　D. 继续买入。

9. 当您进行投资时，您的首要目标是：

A. 资产保值，我不愿意承担任何投资风险；

B. 尽可能保证本金安全，不在乎收益率比较低；

C. 产生较多的收益，可以承担一定的投资风险；

D. 实现资产大幅增长，愿意承担很大的投资风险。

10. 您的投资经验可以被概括为：

A. 有限：除银行活期账户和定期存款外，我基本没有其他投资经验；

B. 一般：除银行活期账户和定期存款外，我购买过基金、保险等理财产品，但还需要进一步的指导；

C. 丰富：我是一位有经验的投资者，参与过股票、基金等产品的交易，并倾向于自己作出投资决策；

D. 非常丰富：我是一位非常有经验的投资者，参与过权证、期货或创业板等高风险产品的交易。

11. 您是否了解证券市场的相关知识：

A. 从来没有参与过证券交易，对投资知识完全不了解；

B. 学习过证券投资知识，但没有实际操作经验，不懂投资技巧；

C. 了解证券市场的投资知识，并且有过实际操作经验，懂得一些投资技巧；

D. 参与过多年的证券交易，投资知识丰富，具有一定的专业水平。

12. 您用于证券投资的资金不会用作其他用途的时间段为：

A. 短期——0 到 1 年；

B. 中期——1 到 5 年；

C. 长期——5 年以上。

评估意见：您的风险承受能力评级属于：_____型

投资者签署：依据诚实守信的原则，本人如实填写了本问卷。本人已知晓自己的风险承受能力评估结果，并在作出投资决策前将认真阅读相关风险揭示书，了解投资产品和服务的风险级别。

投资者：_____（签名）

经办人签署：_____

评估日期：_____

风险承受能力评估结果确认模型

1. 根据投资者回答情况计算评估得分

序号	1	2	3	4	5	6	7	8	9	10	11	12
A	3	1	9	1	3	0	0	0	1	1	1	1
B	7	3	7	3	5	3	3	3	5	3	3	5
C	9	5	5	7	7	5	5	5	7	7	7	7
D	5	7	3		9	7	7	7	9	9	9	
E	1	9	1		9							

总分：

2. 客户风险承受能力评估——五档分类标准

	保守型	相对保守型	稳健型	相对积极型	积极型
得分下限	11	25	37	73	87
得分上限	24	36	72	86	100

关于不同风险承受能力类型的说明

按照五档分类标准

保守型

此类投资者对于投资产品的任何下跌都不愿意接受，甚至不能承受极小的资产波动，属于风险厌恶型的投资者，首要目的是保持投资的稳定性与资产的保值，这类投资者需要注意为达到上述目标回报率可能很低，以换取本金免于受损和较高的流动性。

相对保守型

此类投资者不愿意接受暂时的投资损失，关注本金的安全，往往是稍微有些风险厌恶型的投资者，首要投资目标是资产一定程度的增值，为了获得一定的收益能承受少许本金损失和波动，此类投资者可以承受少许的资产波动和本金损失风险。

稳健性

此类投资者愿意承担一定程度的风险，主要强调投资风险和资产增值之间的平衡，为了获得一定收益可以承受投资产品价格的波动，甚至可以承受一段时间内投资产品价格的下跌，此类投资者可以承受一定程度的资产波动风险和本金亏损风险。

相对积极型

此类投资者为了获得高回报的投资收益，能够承受投资产品价格的显著波动，主要投资目标是实现资产增值，为实现目标往往愿意承担相当程度的风险，此类投资者可以承受相当大的资产波动风险和本金亏损风险。

积极型

此类投资者能够承受投资产品价格的剧烈波动，也可以承担这种波动所带来的结果，投资目标主要是取得超额收益，为实现投资目标愿意冒更大的风险，此类投资者能够承担相当大的投资风险和更大的本金亏损风险。

4 规划你的未来

Z

4.1　上大学的学费能不能靠自己解决？

你有没有想过，上大学以后不依赖父母和家庭的支持，自食其力？

大学一般设有助学金和助学贷款，供家境贫困的学生申请，解决基本的学费问题。大学里面还有许多勤工俭学的机会，可以补贴学生的学费和生活费。

寻找一份理想的兼职

读大学时做一些力所能及的兼职工作，既可以为今后长期的职业发展积累经验，也可以为自己筹集学费。京东的创始人刘强东在大学期间的生活费和学费，就是自己兼职得来的。兼职期间接触到的编程，也为他后来的职业生涯奠定了基础。

适合大学生的兼职工作不少，比如：

（1）销售导购、展场服务或者线上客服，通常按日计薪。这类工作直接面对客户和顾客，需要较好的沟通能力和心理承受力。此外，这类工作往往工作时间较长，甚至需要值晚班，会影响次日的学习。

（2）课业辅导，通常按小时计薪。这是多数在校学习的大学生都能胜任的工作，时间投入相对较少。如果是上门家教，一定要注意个人安全。

（3）物流服务，通常按单计薪。具体工作就是送快递，这对体力要求较高。

（4）新媒体运营或内容创业。写网络小说、做音视频节目、做微信公众号，很多大学生将这些工作做得风生水起，少数脱颖而出的内容创业者还能获得不菲的收入。当然，这块创业几乎没有门槛，参与者众多，大部分人可能都没法变现，对这一点应该有清醒的认识。

需要注意的是，兼职不能以影响学业为代价！另外，一些类似网络刷单、分享、点赞赚钱的工作，极大可能是骗局，一定要注意防范。（可参考本书 2.4 中的分析）

本质上，找工作也是一种交易，而交易总是存在信息不对称现象。

知识卡

信息不对称（Aasymmetric Information）

指交易中的各人拥有的信息不同。在社会政治、经济等活动中，一些成员拥有其他成员无法拥有的信息，由此造成信息的不对称。一般而言，卖家比买家拥有更多关于交易物品的信息，所谓"买的不如卖的精"，但反例也可能存在，比如医疗保险，买保险的人对自己的身体状况拥有更多信息。

信息不对称

大学生涉世未深，往往难以完全看清这些兼职工作背后的风险和隐患。如何减少信息不对称的风险，提高兼职工作的安全性和收益呢？

首先，应该尽量找可靠的企业或单位。在校学生不具备签订劳动合同的主体资格，因此即便你被企业录用了，你和用人单位之间构成的也不是劳动关系，而是雇佣关系，所以你无法和用人单位签订劳动合同，发生纠纷也不受到《劳动法》保护。你应该争取签订雇佣合同，并注意条款的细节，比如奖惩规定和违约责任等。如果无法签订合同或协议，则应该尽量保留工作凭证，比如工作证、签到表，这些可以成为你申诉的证据。

依托中介公司也是寻找兼职工作的有效手段，但是中介公司鱼龙混杂，要注意避开非正规中介甚至是黑心中介的陷阱。正规中介公司会有工商营业执照和职业介绍许可证等相关资质证明。当中介公司向你索要费用或者身份证、学生证原件，更加需要提高警惕。如果需要身份证复印件，可在身份证空白处贴一小纸条注明仅作某某用途后再复印。

特别要注意的是，网络求职是陷阱最多的领域，各种骗术层出不穷。你也可以在学校寻求兼职工作，虽然收入可能相对较低，但更有安全保障。

无论是直接应聘还是通过中介，你都应该如实说明你的情况，否则一旦被招聘企业或中介发现撒谎，对方有权解除聘用关系且不作补偿。

出国留学的同学也会有很多勤工俭学的机会，可以多跟同校的学长了解相关信息。

最后，记得将兼职所在单位的地址、电话等信息告知同学或者父母，以便他们能在第一时间联系到你。

好好学习，争取奖学金

除了勤工俭学以外，奖学金也是大学生可以争取的一份收入。

大学里往往有名目繁多的奖学金，除了国家和学校的奖学金，企业家、慈善人士、校友等设立的奖学金也越来越多，只要学生满足一定的条件，都可以申请。

奖学金大致可以分成三类：优秀学生奖学金用于奖励品学兼优的学生，专业奖学金用于奖励考入特定专业的学生，定向奖学金用于奖励毕业后去往边疆、经济困难地区和艰苦行业工作的学生。

总的来说，大学里面有机会拿到奖学金的学生比例还是不小的，尤其是学习成绩特别优异的同学，获得的机会更大。奖学金不但可以补贴我们的生活和学习，也是一种荣誉，可以写进毕业求职的简历中。

对于出国留学的同学来说，奖学金可能更加重要。一般来说，留学需要的费用大大高于在国内上大学，如果能申请到国外大学的奖学金，能很大程度上减轻家庭的财务负担。

能不能先花明天的钱？

上大学是走上独立生活的第一步。独自在外，如果碰到钱一时不够用的时候，是可以用明天的钱先解决今天的问题的。办法很多，使用信用卡、花呗等都可以。

以信用卡为例。目前国内信用卡办理主要有两个条件，一个是要申请人年满 18 周岁，另一个是要有稳定的收入来源。大学生很少有稳定的收入，这无疑给大学生办信用卡造成了困难。但已有一些银行推出了专门针对大学生的信用卡，一般凭身份证和校园卡即可办理。不过起始额度不是很高，只有在累积了信用后，卡的额度才可以慢慢提高。如果不能及时还款，个人征信就会受到损害，并影响到今后的贷款申请。

千万不要嫌银行的手续太麻烦！如果你收到信息，说只要提供身份证号，几分钟就能贷款几十万元到账，请一定要提高警惕！

大学生小王就遇到了这样的"好事"。他由于要购买手机而向某网络平台贷款 3000 元。结果对方通知需要签订贷款合同。正式签订合同时，对方提供了一份空白合同，只要小王签名就能放贷。而贷款的数额、归还的期限、贷款的利率等重要信息都没有写上去。不明就里的小王签订了这份合同，他本来准备通过勤工助学还清贷款，但没想到要还的钱越来越多，不久就到了 9 万元，原来对方通过各种手段制造他的还款违约。之前口头约定的 3 个月还款，落实到合同里居然被写成了 1 个月，而且超过还款时间 1 分钟，就至少收取 500 元的滞纳金，此后，每天加收 5% 的利息。结果小王无力还款，竟然被该平台工作人员恐吓、威胁、辱骂，不法分子还利用各种手段骚扰小王的家长、同学和老师，小王承受着巨大的心理压力。这类故意给贷款人制造无法还款的陷阱、利用非法手段"套牢"受害人的非法贷款统称叫"套路贷"。

2021 年 3 月 17 日，中国银保监会等五部委联合发布通知，"明确小额贷款公司不得向大学生发放互联网消费贷款""明确未经监管部门批准设立的机构一律不得为大学生提供信贷服务"。对于个人来说，关键还是要学会分析辨别，谨防上当受骗。

所以，如果真的需要消费贷款，一定要找那些具有良好资质与信誉的正规金融机构，比如银行等，千万不要相信来路不明的贷款提供者，对于亲戚朋友介绍的贷款机构也要提高戒心。

当然，如果你不是为了消费，而是有了一个创业计划，也可以考虑贷款。国家为了鼓励大学生创业，还设立了政府贴息的大学生小额创业贷款，不过这种贷款只有应届毕业生或毕业未满两年的大学生才可以申请。

让你的"红包"钱生钱

当然，在借钱之前，最好先盘点一下自己手里的钱。有些同学可能在上大学之前已经把长辈给的红包或者零花钱攒了一些。年满 16 周岁已经可以单独开立银行账户，到 18 岁就能自主选择投资理财的产品了。在本书 3.1 "闲钱应该放在哪里"一节中，已经讲了各种投资理财的方式及其适用范围，现在就看看如何让你的"红包"钱生钱吧！

如果选择买股票，就要注意，别指望纯粹靠听消息、跟风挣大钱，如果你根本不了解你买的公司，很可能沦为被割的"韭菜"。对于学生来说，如果因为买了股票整天心神不宁耽误了学习，就得不偿失了。而如果你能结合专业知识，挑选出值得长期持有的公司股票，那就是值得鼓励的投资行为。

如果你认为自己还不具备这样的眼光和能力，那你可以挑选一家值得信赖的基金公司，了解一下其产品，根据自己的风险偏好，买入最适合自己的基金，中长期持有。

如果你是根本不希望承担任何风险的人，也可以选择直接存在银行里，根据自己的需要设定存款期限。至于零花钱，则可以放到余额宝这类货币基金账户中，可以随时取用，收益也高于活期储蓄。

综上所述可以看出，上大学自己解决生活费甚至学费，可能性还是挺大的。所以，加油吧！

小结

1. 读大学时做一些力所能及的兼职工作，既可以为今后长期的职业发展积累经验，也可以为自己筹集学费和生活费。

2. 名目繁多的奖学金，针对家境困难学生的助学金和助学贷款都可以贴补大学学费和开销。

3. 总的来说，上大学自力更生解决自己的生活费甚至学费，可能性还是挺大的。

思考与实践

假定你需要自己支付大学四年的生活费，每年一万元。请结合你的已有资产和未来的可能收入，做一份大学生活费的筹集规划。

4.2 大学毕业后是打工还是创业?

1976 年 4 月 1 日,21 岁的乔布斯与朋友在自家的车库里成立了苹果公司,并凭借新理念和新产品,最终使苹果发展成一家改变无数人生活方式的公司。

蒂姆·库克先后在 IBM 和苹果长期任职,并最终于 2011 年被乔布斯推荐,继任苹果公司首席执行官,带领苹果成为全球市值最高的公司。

创业和打工,都可以取得事业的非凡成就。你觉得自己适合创业吗?

什么样的人适合创业?

创业不是摆地摊,是创立一个能够不断盈利、不断增长的机构。国内一位著名的创业投资大咖曾总结,好的创业者必须具备以下三种素质:

1. 有眼光

所谓眼光,是在大众没有看到机遇的时候,你能看到。乔布斯在大家用 DOS 系统的时候,研发了图像界面做人机交流。扎克伯格高中毕业时,从相互留言贴照片的纪念册得到灵感,把它变成链接全球十几亿人的网络工具 Facebook。

2. 有执行力

创业者光有灵感不行,还需要能把想法实现的操作能力。世界最著名的创业孵化器 Y Combinator(YC)的总裁山姆·阿尔特曼认为,"好的执行力比好的创业想法至少重要十倍,同时会艰难百倍。"相比被竞争对手碾压，公司更可能由于糟糕的执行力而死掉。

3. 有组织能力

创业不是一个人的事，要带一帮人。有的创业者从小就是孩子王，或者在学校当过学生会干部，比如马云、江南春等；有的索性是一帮人共同创业，比如腾讯五虎将、百度七剑客等。组织能力对创业成功是非常重要的因素。

创业，需要的是一种企业家精神。

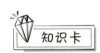

企业家精神（Entrepreneurship）

企业家组织建立和经营管理企业的综合才能的表述方式，是一种重要而特殊的无形生产要素。

关于企业家精神，诺贝尔经济学奖得主熊彼特提炼的概念最为深入人心。熊彼特定义的企业家精神有四种特质：（1）企业家

首先是一个理想主义者，梦想建立属于自己的一片天地。（2）企业家好胜心强，追求卓越，有征服意志。（3）企业家享受创新创造的喜悦，富有冒险精神。（4）企业家具有坚强的意志。企业家是一群天生不甘于循规蹈矩的人，他们总是要创新，因此就总是面对着未知。所以，钢铁般的意志是企业家的标准特质。

你觉得自己有企业家精神吗？你适合创业吗？

创业的风险与收益

微软、谷歌、阿里巴巴、京东这些创业成功的例子，的确吸引了很多人创业。因为创业成功不仅可以获得丰厚的利润回报，甚至登上富豪榜，更可以带来心理上的成就感，包括个人价值实现的满足。

然而，就算具备企业家精神，有眼光、有执行力、有组织能力的人，创业也并不必然成功。据统计，中国每年约有100万家民营企业破产倒闭，每分钟就有两家企业破产，其中有40%的企业在创业阶段就宣告破产。

所谓"一将功成万骨枯"，一个伟大企业的背后，有不计其数的企业失败了，就算是现在非常成功的阿里巴巴，在创业过程中也曾多次面临破产危机。

创业的风险不胜枚举，比如：

（1）机会风险：你可能选择了并不适合你的创业活动，从而放弃了你真正应该从事的职业。

（2）技术风险：你的产品技术开发方向错误，或不被市场所接受。

（3）市场风险：市场具有波动性和周期性。

（4）资金风险：你所需的资金不能适时供应。

（5）管理风险：你的管理意识和管理能力不能满足企业发展的需求。

（6）环境风险：社会、政策、法律环境发生了你无法应付的变化或出现了不可预料的意外灾害。

造成创业风险的因素很多，包括个人因素、团队构成因素、家庭及社会因素、地区因素等。很多成功的企业家都是经历了多次创业的失败与磨炼才最终成功的，阿里巴巴不是马云的第一次创业，华为也不是任正非的第一次创业。所以，就算你具备企业家的素质，也要充分考虑创业风险。

创业的风险

选择什么样的企业打工？

大学毕业之后，如果不考虑创业，就要考虑进入什么样的企业工作。选择企业不仅要考虑薪酬福利，也要考虑自身的职业发展。不同类型的企业，对于个人发展会产生不同的影响。

大型国企比较受毕业生的欢迎，尤其是中央直属企业（央企）。国企工作稳定、社保和劳动待遇落实到位。在职业技能提升方面，国企一般会有充分的在职培训和细致的工作规范要求，帮助员工提升工作能力。但国企相对更讲究论资排辈，也不大可能冒较大风险去创新。

知名外企也是毕业生求职的热门方向。大型知名外企的员工培训、福利和薪资条件一般都较好，在劳动和社保方面也会严格遵照相关法律法规执行，管理流程相对规范，强调用系统管人，这有助于员工在工作中提升管理和合作技能。但外企的经营通常要服从国外总部的安排和部署。

进入 21 世纪以来，我国涌现出一批批互联网巨头企业，比如阿里巴巴、腾讯、京东等，还有华为这类的科技龙头企业。这批企业发展迅速，企业制度仿效国外知名企业建立，员工培训、薪资福利、企业管理水平都高出普通企业，因此逐渐成为最吸引优秀学子的雇主单位。

上述几类企业在招聘时一般都有较高的入职门槛和严格的选拔机制，只有少量幸运的大学毕业生能够成功入职。如果不去考公务员，更多人可能找到的第一份工作是去中小企事业单位就职。小企业的运营模式相对简单，工作岗位安排更为灵活，因而可能有更广泛的锻炼机会，努力学习和实践也能积累各方面的实践和管理经验。20 年前的阿里、腾讯也都是刚成立不久的小企业。

相对而言，小企业的规章制度较为简疏，在企业管理、薪资和社保福利等方面存在不规范的可能性，且企业的市场地位不太稳固，因而员工的工作稳定性也差一些。因此，求职时，要注意对这类中小企业的市场前景、管理规范、企业文化等各方面的情况进行综合评估。

1. 成功创业的人一般都具备企业家精神，有眼光、有执行力、有组织能力。

2. 创业风险可能来自创业者个人、家庭、团队、社会，甚至不可抗力等等，可谓九死一生。

3. 不同类型的企业，对于个人发展会产生不同的影响。所以，选择企业不能仅考虑短期的薪酬福利。

你觉得你适合打工还是创业？如果是打工，你希望去什么样的单位，做哪类工作？如果是创业，你想在哪个领域创业，目标是什么？

4.3　租房或买房前应该考虑哪些问题?

对于离开家出去求学和工作的人来说,租房是个不小的问题。而工作几年之后,有了一定的积蓄,或者准备成家,就会考虑买房的问题。这些都是生活中的重大决策,应该如何来考虑呢?

租房要注意什么问题?

出国留学、去外地短期实习或工作,可能都需要租房。

在租房前,要结合需求列出所需租房的具体条件,并做好预算规划,这会使选房范围更加精准。网上有不少平台,可以根据你对地理位置、房型、面积、租用方式、租金等的要求,提供相应的房源信息和房屋照片,甚至可以 AR 看房。需要注意的是,一些照片上看上去很宽敞的房间可能是运用了广角镜头的缘故,不要被照片骗了哦!

在房源信息的最后,通常会附有联系人的联系方式,有的可能是房东,但大多数情况下都是中介公司的经纪人。由于租房多是在较为陌生的环境,通过中介找房会更为便捷有效。当然,中介机构良莠不齐,你可以通过资质证件、规模大小、服务合同、收费规范等因素来辨识合规的房产中介。找到靠谱的中介公司后,你可以先向经纪人了解一下准备租住区域的房源总体情况,知道可供选择的房源有多少,看看有没有可能跟房东商量租金。也可以了解一下房东的大致情况,尤其是只租住其中一间时。如果你对房屋有些特殊偏好或要求,也可以跟经纪人聊一聊。可以多找几家中介公司，多看几套房源，比较一下房租和中介费。找到最适合自己的房屋后，就要签署正规的租房协议了。

在签租房合同的时候，尽量利用正规中介的格式化合同，基本条款都会包括在内。此外，还需要注意以下几点：首先，你要确认出租方有权出租这个房子，并且这个房子是可以出租的，要避免假房东或者二房东骗租金的情况发生。一般来说，这种情况下中介应该承担责任，所以要找正规中介。其次，要在合同中列明房子的家具和家电等室内设施状况，或者拍下照片作为证据，以免退租时出现纠纷；再次，要将出租人提供的账户写入合同条款，然后定期向出租人转账支付，不要随意支付额外款项和变更支付渠道，以免陷入某些"分期贷款支付"的陷阱。

租房要注意的问题

租房一般都是租装修好的房子，这里也要注意一个问题。有的房东为了提高租金，会把房子重新装修一下，而出租的房子一般用的装修材料可能不会太好。所以碰到新装修的房子，最好确认一下装修了多久，用的是什么材料。也可以在签合同之前做一下甲醛测试。如果不能确保安全，最好放弃。有些专门做租房业务的公司，会把收来的房源统一重新装修，往往一装好就挂牌出租，进门就会闻到很刺鼻的味道，这种房子最好也不要租。

随着全球经济文化交流的日益密切，在国外租房的也越来越多。虽然国内外租房规范已日趋相同，但毕竟社会文化环境不同，比如房源选择、合同处理、租客的权利和义务等，都和国内情况有所不同，可以事先咨询国外的学长或者同事多多了解。

根据对 2019 年年轻人租房的调查数据，在租房的年轻人中，80% 选择了合租。寻找一个室友共同承担租金是一个不错的选择，既可以减少开支，还可以相互照顾，更有利于人身安全。但是在成为室友之前，一定要相互了解一下各自的生活习惯和个人性格，对于日常生活作息也应该提前说明并约法三章，比如学习安排、日常清洁、活动聚会、费用分享等，这都可以减少日后发生龃龉的可能性。

什么时候应该买房？

租房相对于买房而言，有一定的优势，首先当然是不需要很大一笔钱，其次，可以按照自己的心情、需要或财务状况灵活调整居住地点。如果你正准备创业，还可以省下一大笔资金，投入自己的企业发展。

虽然越来越多的年轻人接受长期租房的理念，但在中国人的传统观念看来，没有房产就意味着生活的不确定性和繁衍生息根基的缺失，所谓"民无恒产则无恒心"。所以，在有了稳定的收入来源之后，很多人都会考虑买房的问题。

据近年的一次调查，中国人购买第一套房的平均年龄为 27岁，这恰巧是国人的平均结婚年龄。这一数字跟其他国家相比，明显偏小，因为 40% 的中国年轻人买房靠的是父母的帮助。父母为什么愿意帮助子女购房？因为在中国传统观念看来，买房是子女成家立业的起步，这并非只是子女的个人责任，也是父母作为家长的责任。年轻人买的第一套房一般是刚性需求——它不仅是小家庭的容身之所，还可能跟将来的孩子入学等问题密切相关。

　　年轻人购房一般都需要贷款，多数银行将首套房首付比例定为 30%。如果首套房是房龄较长的二手房，首付比例一般在房价的 40% 以上，个别银行可能会将首付比例提高至 50%。具体的首付比例，不同银行有不同的规定，有的银行还会根据申请人资质进行调整。余下的房款可以房屋产权作抵押，申请公积金贷款和商业贷款，最长分 30 年还清。
　　我们在前面学过，一旦正式工作，每个人都会缴纳公积金，单位也会为每个人缴纳同等金额的公积金，有的单位还为员工缴纳补充公积金，在买房时，平时缴纳的公积金就可以用来偿还公积金贷款。如果工作稳定，而且预期将来的收入能稳定增长，确实可以开始考虑买房的问题。因为房屋作为固定资产，具有一定的保值功能。尤其是一线城市的中心地段，由于土地的稀缺性，还具有相当的增值空间。

如果自己的积蓄距离最低首付款的差距不太大，就可以考虑请父母支持一下。当然，在房价最贵的几座城市，购买婚房往往需要"六个口袋"的支持才能勉强凑齐首付，后期的还款压力也很大。所以，买房之后，生活质量短期受到影响在所难免，需要做好心理准备。

　　近20年来，我国主要城市的房价几乎一直在上升，因此，大家普遍的概念是有钱就赶紧买房，晚买不如早买。其实，房价也有起伏，买卖时机不同，房价可能会差别很大。如果我们判断房价要涨，那当然是越早买越好。反之，如果觉得房价要下行或者趋稳，那就不妨再观望一下。影响房价的因素很多，包括这个地区的经济发展、人口增长等因素，也要看整体的通胀情况等等，甚至会不会通高铁、地铁，或者进行大规模的旧区改造，也会对房价有影响。

　　所以，我们在作买房决策的时候，需要综合各种因素再作决定。

年轻人应该租房还是买房？

这是一个引发广泛争论的问题。总的来说，年轻人租房肯定更自由，经济负担没那么大，可以体验不同的居住环境，还可以自由地去往不同的地方。而买房，则意味着背负起沉重的房贷，生活和工作被迫"脚踏实地"，父母的积蓄也可能被掏空，但房子一般情况下是保值增值的，买房也算是一种强制储蓄，这也是父母大都愿意支持子女购房的重要原因。

你支持年轻的时候靠父母资助买房吗？还是更想按照自己的意愿租房并闯荡，过自己想要的生活？

小结

1. 租房时要学会根据自己的需要和财务状况，寻找靠谱的房源，租住合适的房子。

2. 中国传统文化讲究"安居乐业"，如果买房，要选择合适的时机。

3. 买房和租房各有利弊，年轻人可以根据自己的个性、家庭财务状况等进行权衡。

思考与实践

上文说过，中国人首次购房的年龄是 27 岁，与之相对，其他国家的这一数字大很多，普遍在 30～40 岁之间，有的国家甚至在 40 岁以上。

你觉得造成这一现象的原因有哪些呢？尝试从文化传统、社会保障、租房市场规范等方面分析。

4.4　年轻人应该为自己买哪些保险？

人的一生，会面临各种意想不到的风险状况，有时甚至不知道明天和意外哪一个先来。应对意外的最好方式是买保险。

那么，年轻人应该为自己买哪些保险呢？

有了"社保"为什么还要买商业保险？

在本书 2.11 "你看得懂工资单吗"一节里，我们已经知道，不论打工还是创业，每个人都必须缴纳社保，其中包括养老保险、医疗保险、失业保险、工伤保险和生育保险。当你退休、生病、失业、发生工伤事故、生育孩子时，社保能给你一份最基本的保障。所以，在换城市或换工作单位时，都要注意续上社保。断缴可能导致医疗费用无法报销、养老保险年限不够等一系列问题。

那么，既然有了社保，为什么还要买商业保险呢？

商业保险是社会保险的重要补充。社会保险只覆盖符合法定条件的劳动者，而商业保险覆盖符合承保条件的所有人，比如刚出生的婴儿、在校学生。商业保险的保障范围更广，既可保人的生老病死，又可保财物，分红型保险还能作为一种理财的工具，因而可以成为我们管理未来风险的重要手段。

表 4.1　社会保险和商业保险的主要区别

	社会保险	商业保险
实施宗旨	社会保障救助	盈利
实施方式	国家立法强制实施	自愿投保
保险对象	符合法定条件的劳动者	符合承保条件的任何人
保障范围	绝大多数劳动者的生活	投保人的设定损失
保障水平	维持基本生活水平，较低	充分补偿损失，较高
缴费水平	较低	较高
受益人	本人	本人或其他人

　　从表 4.1 中可以看出，社保是一种保障救助，不论是身体状况、年龄如何，都按照统一的费率强制缴纳，给大部分劳动者提供一个基础的保障；而商业保险是自愿投保，投保人可以设定自己的损失保障范围，比如给自己的爱车、住房、意外、重疾等等，甚至可以给自己身体的某个部位投保。

知识卡

逆向选择（Adverse Selection）

指信息不对称所造成市场资源配置扭曲的现象。经常存在于二手市场、保险市场。

在保险市场上，想要为某一特定损失投保的人实际上是最有可能受到损失的人。比如身体不太好、年龄大的人更愿意买人寿险，使保险赔偿趋高，保险公司只好提高保费，从而导致那些不太会出风险的人更加不愿意买保险。

由于保险市场存在"逆向选择"的情况，所以年轻的时候开始买保险，性价比是最高的。因为产品可选种类多、价格便宜、保障期限长、杠杆高。

对年轻人来说最重要的保险

如今大部分刚刚工作的青年人，可能收入不是很高，健康状况比较好，但工作和生活压力比较大，熬夜、吃外卖、作息不规律，面临的风险也逐渐增加。这时确实需要买一份保险给自己一份安全感。

对年轻人来说最重要的保险包括：

1. 医疗险、重疾险

人吃五谷杂粮，没有不生病的。小病靠医保就能解决，大病最发愁的肯定是治疗费，现在一场重疾的治疗费都在几十万元以上，对于刚入社会的年轻人来说，肯定是拿不出来的。医保又有起付线、封顶线、报销范围等各种限制，面对重疾远远不够用。

数据统计表明，重疾年轻化现象已经愈加严重，因此千万不能因为年纪轻，就忽视身体健康问题，应该早点将医疗险配置好。

如果真的生了重病，除了高昂的治疗费，生病治疗到康复需要3～5年的时间，这期间会面临失业的问题，还有后续的康复治疗费、营养补给费、日常生活开销……都是一笔不小的开销，足以压垮一个家庭。重疾险就可以一定程度上解决收入损失，以及后续的康复疗养费用。

医疗险一般为每年一保，续保时保费会作出调整，而重大疾病险则是长期险，可以投保指定年限，也可以终身投保。

医疗险的赔偿范围不限制病种，只要有医疗费用发生，并且有支付凭据，就可以得到理赔。而重大疾病险只接受保险合同内明确规定的疾病发生时的理赔，但无需有支付凭证，只要确认重大疾病即可按合同规定一次性给付保险金，也不限定保险金的用途，可以自由支配，可避免我们在经济上成为家人的负担。

重大疾病险的优势是发生疾病就给付，而无需先行支付再索赔，因而保费比医疗险高。你可以在购买医疗险后，在收入可承受范围内，购买适当的长期重大疾病险作为补充。

在购买医疗险时，可结合自身的社会保险、企业福利和工资收入等因素考虑，如果你的社会保险和企业福利较高则可以相对减少医疗险的保额。

总的来说，越早买重疾险越划算，因为年龄越大费率越高，保险公司甚至会拒绝承保。

2. 意外险

意外险包括意外伤害险、意外医疗险、意外财产损失险，等等。每个人的意外风险发生几率不同，如果你热衷外出旅行探险、工作具有较高的人身危险性、经常出差，或者居住环境有很多的危险因素，你就应该选择较高的意外险额度。如果你是家庭中主要的经济来源，也需要相对提高意外险额度。

意外险额度的提高会提高保费支付额，但由于意外险属于消费型险种，其所缴保费与保额的杠杆率比较高，因此总体保费仍较低。

知识卡

消费型保险（Consumer Insurance）

　　客户（投保人）跟保险公司（保险人）签订合同，在约定时间内如发生合同约定的保险事故，保险公司按原先约定的额度进行补偿或给付；如果在约定时间内未发生保险事故，保险公司不返还所缴保费。可以把这种保险视为一种消费商品。除意外险外，健康险、旅行险等都属于消费型保险。

3. 寿险

　　寿险以人的生命为保险标的，如果被保险人在保障期内身故或者全残，保险企业则需要依据合同约定给付保险金。

　　有的年轻人觉得，自己现在还没有结婚没小孩，也没有债务，有必要买寿险吗？其实是有必要的！因为你的父母已经逐渐退休，这时候如果你出了意外，留下一双无依无靠的父母，也没有赚钱的能力，晚年生活怎么办？

　　已经成家，或者有车贷、房贷的年轻人，就更需要购置一份定期寿险。一旦发生重大事故，父母的赡养费、小孩未来的教育金、一系列的贷款等，都不会给家庭造成负担，还能保障他们未来的生活，继续承担你的那份家庭责任。

　　寿险按保障期限的不同，可以分为定期寿险和终身寿险两种。定期寿险的保障期是约定的，如20年或30年，到期则保险合同终止，保险企业不再承担保险责任，也不返还保费，所以定期寿险也是一种消费险。终身寿险是保障终身的，只要符合合同约定，就一定会得到保险公司的赔付。也有的保险企业将定期和终身寿险合并，称为两全寿险。

终身寿险和两全寿险由于必然发生给付，因此具有增值、资产转移和避税功能，当然其保费也比较高。

根据需要，做好保险规划

在以上人身保险之外，如果经济条件允许，也可以考虑关于未来保障的险种如教育险、养老险等。

财产险方面，一般有车的人都会给爱车买保险，但对于我们大多数人最重要的财产——房屋，很多人就没有保险意识了。其实，房子出现意外的情况也不少见，不妨给自己的房子投保家庭财产险。

保险规划要做好！

需要特别注意的是，签订保险合同时，应看清合同条款并如实填报自身状况，否则可能遭遇保险公司拒赔。

最后，要清楚保险不会消除风险，它只是在灾害发生后给予一定的财务补偿。因此即便买了保险，还是要提高自己的安全意识、加强风险防范。

小结

1. 对年轻人来说，最重要的还是社保，我们换单位、换城市，都要注意续上社保。

2. 商业保险的保障范围更广，还能作为一种理财工具，可以作为社会保障的有效补充。

3. 年轻人买保险，首选医疗险、重疾险、意外险和寿险。此外，不妨给自己最重要的财产也上一份保险。

思考与实践

尝试根据你的家庭、身体、年龄等情况，为自己制定一个保险规划。

4.5 制定一份未来 5 到 10 年的人生规划

1979 年，哈佛大学在其 MBA 毕业生中做了一项调查：所调查的学生当中，有 3% 的人对于他们想达到的人生目标制定了非常清楚的计划，并将它们写下来。内容包括：为什么要达到这个目标、可能碰到的困难是什么、需要和哪些人合作、行动路径如何、计划何时实现，等等。10 年后，调查组对这届学生进行了回访，发现这 3% 的学生成就远远超过其他 97% 的人。

上述实验生动地告诉我们，制定自己的人生目标并为之长期奋斗，会造成如何不同的结果。

如何制定你的长期目标?

创建一份属于你自己的人生规划，应该从哪里开始着手呢？你首先应该思考一下你所希望的人生方向，明确你自己的追求。这些追求应当具有个人和社会积极性，从而具有价值，值得你进行规划。一个现在热门的专业并不一定适合你，他人的成功标准也不见得能使你得到内心的满足。

这里有四点需要提醒你：

1. 主要目标不能太多

我们的主要目标最好只有一个。如果主要目标太多，可能任何一个都没法达到。

2. 目标不要过于遥远

有一个长期目标可行性的判断方法：（1）已经有人做到了；

（2）我与那人没有太大的差距。

3. 找到自己的比较优势

所谓比较优势，是指主体由先天的要素禀赋或后天的学习创新形成的相对优势。"尺有所短，寸有所长"，在设定自己的人生目标时，请记得从自己的比较优势出发。

4. 人是立体的，需要平衡各个维度

比如，你给自己设立的人生目标是成为某个行业的顶尖高手，然后你艰苦奋斗 5 年，结果发现自己得了一身的病，跟父母总共也没见几次面，这时候不管你是否成功，都会留下很多的遗憾。所以，我们在设定主要目标的时候，也要兼顾其他方面的平衡。

美国网络营销专家迈克尔·海厄特将我们人生各个维度的要素设计成了一张"人生账户"图，在这个图中，越是内层要素越具有核心价值，并影响到外层目标的实现。你可以仿照它设定你自己的"人生账户"，但请始终记住，你的人生不是只有工作和金钱，自身的完善和发展才是你人生目标的核心和基石。

我们设定的人生目标跟目前的现实之间肯定有着很大的差距，我们要给它设定一个较长的实现期限。期限因人而异，可以是5年，也可以是10年或20年，甚至更长时间。基于一般人的成长历程，比如用1万小时定律来计算，我们从零开始发展一项技能，最后达到出类拔萃的水平，需要投入1万小时。如果我们每周投入40小时，一年就是2000小时，五年的时间正好是1万小时。所以，本节中我们可以把长期目标设定为5～10年。

分解你的目标并把它记录下来

1984年，在东京国际马拉松邀请赛中，名不见经传的东道主选手山田本一出人意外地夺得了世界冠军。当记者问他凭什么取得如此惊人的成绩时，他说了这么一句话："凭智慧战胜对手。"

当时许多人都认为这个偶然跑到前面的矮个子选手是在故弄玄虚。马拉松赛是体力和耐力的运动，只要身体素质好又有耐性就有望夺冠，爆发力和速度都还在其次，说用智慧取胜确实有点勉强。

两年后，意大利国际马拉松邀请赛在意大利北部城市米兰举行，山田本一代表日本参加比赛。这一次，他又获得了世界冠军。记者又请他谈经验。

山田本一性情木讷，不善言谈，回答的仍是上次那句话："凭智慧战胜对手。"这回记者在报纸上没再挖苦他，但对他所谓的智慧迷惑不解。

10年后，这个谜终于被解开了，他在自传中是这么说的："每次比赛之前，我都要乘车把比赛的线路仔细地看一遍，并把沿途比较醒目的标志画下来，比如第一个标志是银行；第二个标志是一棵大树；第三个标志是一座红房子……这样一直画到赛程的终点。比赛开始后，我就以百米的速度奋力地向第一个目标冲去，等到达第一个目标后，我又以同样的速度向第二个目标冲去。40多公里的赛程，就被我分解成这么几个小目标轻松地跑完了。起初，我并不懂这样的道理，我把我的目标定在40多公里外终点线上的那面旗帜上，结果我跑到十几公里时就疲惫不堪了，我被前面那段遥远的路程给吓倒了。"

众多心理学实验也得出了这样的结论：当人们的行动有了明确目标，并能把自己的行动与目标不断地加以对照，进而清楚地知道自己的行进速度与目标之间的距离，人们行动的动机就会得到维持和加强，就会自觉地克服一切困难，努力达到目标。确实，要达到目标，就要像上楼梯一样，一步一个台阶，把大目标分解为多个易于达到的小目标，脚踏实地向前迈进。每前进一步，达到一个小目标，就会体验到"成功的喜悦"，这种"感觉"将推动你充分调动自己的潜能去达到下一个目标。

如何记录自己的目标？日本 GMO 株式会社董事长熊谷正寿是这方面的行家里手。

熊谷正寿早早辍学并在 21 岁就有了自己的孩子，工作繁忙、压力巨大。神奇的是，手账让他的人生发生了转机。

某天，他将自己想做的事情写在纸上，并将每件事情的终极目标确定下来，然后将其分类，分别放入他的"梦想·人生金字塔"。将金字塔填满之后，熊谷开始制作具体的规划表，这便是他为自己人生设计的"未来年表"。他在 20 岁制作的"未来年表"中，确立了未来 15 年的目标，这就是他的"梦想手账"，接下来是"行动手账"，"行动手账"的核心，是以月为单位的"中长期日程表"和以天为单位的"短期日程表"。最后还有"思考手账"，对自己的思想及行动进行规划管理。熊谷正寿在对每一项工作进行分析时，会在"思考手账"上写下这个项目的流程、注意事项及要点，以帮助自己厘清思路。

熊谷的手账帮助他取得了事业的巨大成功，成为知名的企业家。熊谷的手账从不离身，内页用完便接着添加，整本手账已经厚得像一个手提包。后来，熊谷正寿将他通过手账实现梦想的经验，写成了畅销书《记事本圆梦计划》，引发了年轻人对手账的热烈追捧。

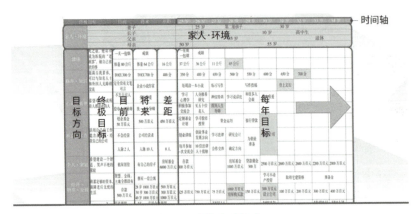

熊谷正寿的未来年表

朝着目标努力吧

有了长期目标，也有了行动的路径，接下来就是盘点自己的资源，坚定地朝着目标前进了。

首先，我们要对自己的资源作出评估，包括你的时间、身体健康状况、人际关系、资金等，让它们为你的长期目标服务。

在执行目标的时候，我们也要根据情况的变化作出必要的调整。比方说，如果你的目标是制造出永动机，那么当物理学证明永动机不可能之后，你就必须要调整自己的目标了。

最后，当然是付出不亚于任何人的努力。没有人能随随便便成功，不论是学习、工作，还是兴趣、爱好。山田本一的目标分解得再好，也得拼命跑才能取得马拉松的冠军。

所以，你的人生目标是什么呢，你准备如何实现它？

小结

1. 知道自己的人生目标并为之长期奋斗的人，更容易获得自己想要的成功。

2. 我们的目标应当具有个人和社会积极性，值得我们去追求。5～10年是设定长期目标比较好的时间段。

3. 将长期目标分解细化，并记录下来，有助于我们更好地达成目标。

4. 为了达成目标，我们应该善于管理和利用资源。

思考与实践

你的理想是什么，你准备如何实现它？给自己制定一份未来5～10年的行动规划吧。

图书在版编目(CIP)数据

Z世代金融理财一本通/《Z世代金融理财一本通》
编委会编著.—上海:上海三联书店,2021.9
ISBN 978 - 7 - 5426 - 7501 - 9

Ⅰ.①Z… Ⅱ.①Z… Ⅲ.①金融投资-青年读物
Ⅳ.①F830.59 - 49

中国版本图书馆 CIP 数据核字(2021)第 157003 号

Z世代金融理财一本通

编　　著 / 本书编委会

责任编辑 / 李　英
插画设计 / 郭雪冬　870700166@qq.com
装帧设计 / Shinorz.cn
监　　制 / 姚　军
责任校对 / 张大伟

出版发行 / 上海三联书店
　　　　　(200030)中国上海市漕溪北路 331 号 A 座 6 楼
邮购电话 / 021 - 22895540
印　　刷 / 上海颛辉印刷厂有限公司

版　　次 / 2021 年 9 月第 1 版
印　　次 / 2021 年 9 月第 1 次印刷
开　　本 / 890 mm × 1240 mm　1/32
字　　数 / 200 千字
印　　张 / 8.25
书　　号 / ISBN 978 - 7 - 5426 - 7501 - 9/F・845
定　　价 / 45.00 元

敬启读者,如发现本书有印装质量问题,请与印刷厂联系 021 - 56152633